Banii tăi contează

o abordare holistică a obținerii libertății financiare și a bunăstării

Dan Desmarques

22 Lions

Banii tăi contează: o abordare holistică a obținerii libertății financiare și a bunăstării

Scris de Dan Desmarques

[illegible]

[illegible]

[illegible]

[illegible]

Index

Introducere VII

1. Capitolul 1: Dansul simbolic al banilor 1
2. Capitolul 2: Călătoria alchimică a banilor 5
3. Capitolul 3: Natura iluzorie a banilor 9
4. Capitolul 4: Echilibrul dintre dezvoltarea spirituală și prosperitatea financiară 13
5. Capitolul 5: Interacțiunea dintre încredere și bogăție 17
6. Capitolul 6: Calea către o prosperitate durabilă 21
7. Capitolul 7: Transformarea sărăciei în bogăție 27
8. Capitolul 8: Integrarea eticii în chestiunile financiare 33
9. Capitolul 9: Alchimia dintre bani și emoții 39
10. Capitolul 10: Banii ca simbol al încrederii și prosperității 43
11. Capitolul 11: Viitorul banilor 47
12. Capitolul 12: Intersecția dintre conștiință și bogăție 53
13. Capitolul 13: Puterea convingerilor subconștiente în crearea bogăției 59

14. Capitolul 14: Intersecția dintre percepție și bogăție în succesul financiar 65

15. Capitolul 15: Prosperitate durabilă prin gestionarea averii 71

16. Capitolul 16: Valori sociale și succes individual în economia globală 77

17. Capitolul 17: Crearea de bogăție și antreprenoriatul în era digitală 81

18. Capitolul 18: Cultivarea unei relații pozitive cu banii 85

19. Capitolul 19: Interacțiunea dintre bunăstarea financiară și sănătatea mintală 89

20. Glosar 93

21. Cerere de recenzie de carte 97

22. Despre autor 98

23. Scris tot de autor 99

24. Despre editor 105

Introducere

Banii tăi contează: o abordare holistică a obținerii libertății financiare și a bunăstării vă invită într-o călătorie profundă de autodescoperire și transformare, în care domeniile bogăției și spiritualității converg pentru a ilumina o cale către bunăstarea holistică. În această explorare iluminatoare, veți desluși tapițeria complexă de credințe, emoții și comportamente care vă modelează relația cu banii și succesul.

Prin prisma gestionării etice a averii și a cultivării unei mentalități a abundenței, această carte investighează principiile fundamentale ale alinierii obiectivelor financiare la valorile personale și ale promovării unui sentiment profund de scop și integritate în demersurile tale financiare. Descoperiți puterea transformatoare a stăpânirii emoțiilor legate de bani, pe măsură ce porniți într-o călătorie de autoreflecție și împuternicire pentru a vă reprograma convingerile și atitudinile față de bogăție.

Bazându-se pe înțelepciunea economiei comportamentale și a învățăturilor spirituale, acest ghid oferă strategii practice și perspective pentru a naviga prin complexitatea deciziilor financiare cu claritate și atenție. Învățați să transcendeți convingerile limitative, să adoptați o mentalitate a bogăției și să faceți alegeri conștiente care să conducă la prosperitate și împlinire pe termen lung.

De la importanța depășirii așteptărilor și a atingerii excelenței în toate demersurile până la potențialul transformator al alinierii valorilor personale cu obiectivele financiare, această carte oferă o foaie de parcurs pentru crearea unei relații armonioase cu banii și abundența. Adoptați o abordare holistică a bunăstării financiare, în care integritatea, compasiunea și scopul converg pentru a vă ghida către o viață de prosperitate și creștere spirituală.

Porniți într-o călătorie de autodescoperire, împuternicire și transformare pe măsură ce descifrați secretele bogăției și spiritualității. Lăsați acest ghid cuprinzător să vă însoțească pe măsură ce navigați prin dansul complicat dintre bani și sens, conducându-vă către o existență mai împlinită și mai prosperă.

Capitolul 1: Dansul simbolic al banilor

În cadrul experienței umane, banii au o semnificație simbolică puternică ca reprezentare a valorii, bogăției și prosperității. Pe măsură ce oamenii navighează în complexitatea câștigării, cheltuirii și gestionării banilor, ei se angajează fără să-și dea seama într-un dans simbolic mai profund care reflectă convingerile, valorile și atitudinile lor față de abundență. În esența lor, banii simbolizează mult mai mult decât o monedă sau un mijloc de schimb. Banii reprezintă o expresie tangibilă a valorii, a succesului și a capacității de a se susține pe sine și pe alții. Căutarea banilor este adesea împletită cu căutarea stimei de sine și a validării într-o societate în care împlinirea financiară este adesea echivalată cu împlinirea personală.

De-a lungul istoriei și în toate culturile, banii au fost venerați ca un simbol puternic al puterii, statutului și influenței. Acumularea de bogății este văzută nu numai ca un mijloc de satisfacere a dorințelor materiale, ci și ca o modalitate de a obține recunoaștere socială și de a-și stabili locul în ierarhia socială. Banii oferă un sentiment de siguranță și stabilitate, permițând oamenilor să își controleze mediul și să își modeleze destinul. Dar natura simbolică a banilor merge dincolo de implicațiile lor materiale. Banii servesc ca o oglindă care reflectă atitudinea unei persoane față de abundență, penurie și fluxul de resurse din viața sa.

Persoanele care privesc banii prin prisma penuriei tind să acumuleze, să se teamă de pierderi și să se împotrivească cheltuielilor, motivate de o teamă profundă de lipsă. Pe de altă parte, cei care adoptă o mentalitate a abundenței văd banii ca un flux de energie care circulă liber pentru a crea oportunități de creștere, contribuție și împlinire.

Simbolismul banilor se extinde și la noțiunile de valoare, demnitate și stimă de sine. Mulți oameni își leagă sentimentul de valoare de sine de succesul financiar, crezând că valoarea lor netă definește adevărata lor valoare ca individ. Această confuzie între bogăție și valoare poate duce la un ciclu perpetuu de eforturi, realizări și niciodată sentimentul de a fi cu adevărat împlinit, deoarece indicatorii externi ai succesului nu reușesc să umple golul interior. În plus, banii servesc drept un limbaj simbolic prin care oamenii își exprimă cele mai profunde valori, priorități și aspirații.

Modul în care oamenii își câștigă, cheltuiesc și investesc banii reflectă convingerile lor fundamentale cu privire la ceea ce contează cel mai mult în viață - fie că este vorba de siguranță, plăcere, statut, contribuție sau dezvoltare personală. Examinând obiceiurile și alegerile lor financiare, putem înțelege mai bine valorile lor fundamentale și narațiunile care le ghidează acțiunile. Putem chiar evalua motivațiile și nivelul de determinism al unei persoane prin evaluarea atitudinii sale față de bani. În mod similar, putem prezice cu exactitate succesul lor viitor, pur și simplu pentru că trăim într-o lume în care succesul și banii sunt interconectate.

În marea tapiserie a vieții, banii apar ca un simbol multifațetat care împletește fire de putere, securitate, valoare și autoexprimare. Descifrarea limbajului său simbolic înseamnă descoperirea unor informații profunde despre relația unei persoane cu abundența, succesul și posibilitățile infinite care se află dincolo de domeniul financiar.

Calea spirituală a unei persoane este determinată de relația sa cu banii. Prin urmare, prin adoptarea unei înțelegeri holistice a banilor ca simbol, putem transcende restricțiile materiale ale acestora și le putem valorifica puterea transformatoare pentru a crea o viață plină de abundență și semnificație profundă.

cu [illegible] succes [illegible] [illegible] [illegible]
uneori în care [illegible] [illegible]

În [illegible] [illegible] [illegible] [illegible] [illegible] [illegible] [illegible] De [illegible] [illegible] [illegible] [illegible] [illegible] [illegible] [illegible] [illegible] financiar.

Calea spirituală [illegible] [illegible] este [illegible] [illegible] cu [illegible] [illegible] [illegible] [illegible] a [illegible] [illegible] [illegible] [illegible] [illegible] [illegible] [illegible] plină de [illegible] și [illegible].

Capitolul 2: Călătoria alchimică a banilor

De-a lungul istoriei, banii au suferit o transformare fascinantă, evoluând de la o reprezentare simbolică a valorii la un mijloc practic de schimb.

În antichitate, conceptul de bani era profund împletit cu simbolismul puterii, bogăției și controlului. Inițial, banii au fost percepuți ca o formă de energie esențială pentru dobândirea unei vieți mai bune, sporirea confortului și garantarea nevoilor de bază, cum ar fi îngrijirea medicală; în timpurile anterioare, banii erau simbolizați prin sânge, reprezentând achiziția brutală de resurse prin mijloace violente. Era o epocă în care acumularea de bogății presupunea, de obicei, acte de agresiune și dominare, exemplificate de vikingi și de alte culturi cunoscute pentru cuceririle lor și pentru bogățiile dobândite prin acte barbare.

Pe măsură ce societățile avansau, banii au devenit simbolul pământului, semnificând proprietatea funciară și apariția tribalismului, a organizațiilor și a sistemelor bancare. Această epocă a marcat începutul utilizării agriculturii ca mijloc de acumulare a bogăției și de stabilire a unor structuri sociale bazate pe proprietatea funciară și pe productivitatea agricolă.

Apoi, odată cu apariția Evului Mediu, banii au devenit asociați cu metale precum aurul și argintul. În această perioadă, banii au fost percepuți ca un metal valoros, consolidând și mai mult rolul lor de simbol proeminent al bogăției și prosperității în diverse culturi.

De-a lungul timpului, evoluția banilor a urmat un model ciclic care reflectă elementele - apă, pământ și metal. Cu toate acestea, diagrama alchimică sugerează absența elementelor foc și lemn, făcând aluzie la evoluția iminentă a sistemului economic. Era actuală, reprezentată de lemn, semnifică o posibilă schimbare către un sistem economic în colaps din cauza unei dependențe excesive de banii de hârtie derivați din lemn.

Privind spre viitor, povestea banilor va intra într-o nouă fază odată cu apariția monedelor digitale, precum bitcoin, și cu posibila integrare a microcipurilor RFID ca formă de tranzacționare. Această transformare subliniază necesitatea de a ne adapta la scenarii economice în continuă schimbare și de a înțelege valoarea simbolică intrinsecă a banilor dincolo de reprezentarea lor materială: în esență, evoluția istorică a banilor dezvăluie semnificația lor profundă ca limbaj simbolic care reflectă valorile sociale, dinamica puterii și paradigmele economice.

Prin explorarea parcursului simbolic al banilor, de la sânge la metale și mai departe, obținem informații valoroase despre relația complexă dintre bogăție, simbolism și natura evolutivă a sistemelor financiare. Conceptul de bani ca energie se adâncește în realizarea profundă a faptului că banii transcend forma lor materială și servesc drept forță vitală care ne modelează viața. Dincolo de funcția lor tangibilă, banii întruchipează o reprezentare simbolică a bogăției, valorii și prosperității.

Înțelegerea banilor ca energie înseamnă recunoașterea capacității lor de a influența diferite aspecte ale existenței noastre, de la bunăstarea noastră materială la domeniile emoțional și spiritual. Întrucât banii reprezintă o formă de energie care pătrunde în toate aspectele vieții umane, relația dintre bani și sănătate subliniază interconectarea dintre bunăstarea financiară și cea generală.

Adoptarea unei mentalități a abundenței și înțelegerea fluxului energetic al banilor poate duce la oportunități mai mari de creștere, succes și împlinire. Considerarea banilor ca energie invită oamenii să exploreze o legătură mai profundă cu resursele lor financiare și cu puterea simbolică pe care o dețin. Prin alinierea credințelor, atitudinilor și acțiunilor noastre la esența energetică a banilor, putem valorifica potențialul lor transformator pentru a crea abundență, prosperitate și o viață echilibrată, înrădăcinată în scop și sens.

preferindu-i [illegible]

Integrarea [illegible]

Adaptarea [illegible]

Capitolul 3: Natura iluzorie a banilor

Înțelegerea legilor spirituale ale banilor conduce la o relație complexă între spiritualitate și abundența financiară, care transcende noțiunile convenționale de bogăție. Conceptul de bani ca formă de energie împletită cu principii spirituale modelează atitudinile, credințele și acțiunile individuale în vederea dobândirii bogăției și prosperității.

Unul dintre aspectele fundamentale iluminate de legile spirituale ale banilor este legătura dintre valoarea interioară a unei persoane și manifestările externe ale bogăției. Banii sunt văzuți ca o reflectare a valorii sufletești a unei persoane, subliniind importanța alinierii acțiunilor și intențiilor cuiva la principiile spirituale superioare pentru a atrage abundența. Prin creșterea conștiinței și extinderea percepției spirituale, ne putem conecta la fluxul de prosperitate și putem crea un echilibru armonios între bogăția materială și creșterea spirituală.

Natura spirituală a banilor subliniază importanța de a adăuga valoare celorlalți ca o cale către abundența financiară. Legea reciprocității joacă un rol crucial în crearea bogăției, subliniind importanța de a da înapoi societății, de a sprijini cauzele caritabile și de a contribui la bunăstarea celorlalți. Înțelegând că bogăția este un produs secundar al furnizării de valoare și al impactului pozitiv asupra lumii, putem valorifica fluxul abundenței în conformitate cu principiile universale.

În plus, legile spirituale ale banilor subliniază rolul intenției, al recunoștinței și al mentalității în atragerea prosperității. Cultivarea unei mentalități de abundență și recunoștință, în timp ce stabilim intenții clare pentru obiectivele financiare, ne permite să manifestăm abundența și oportunitățile în viața noastră. Prin alinierea gândurilor, emoțiilor și acțiunilor la vibrațiile pozitive ale abundenței, putem magnetiza bogăția și putem elibera fluxul de prosperitate în conformitate cu legile spirituale.

Legile spirituale ale banilor aruncă lumină și asupra relației dintre dezvoltarea personală și succesul financiar. Transformarea interioară, conștientizarea de sine și evoluția spirituală sunt componente integrale ale manifestării bogăției, subliniind călătoria de autodescoperire și de stăpânire de sine ca elemente esențiale pentru atragerea abundenței financiare. Prin prioritizarea dezvoltării personale, extinderea conștiinței și integrarea practicilor spirituale în viața de zi cu zi, oamenii își pot înălța realitatea financiară și pot cultiva o abordare holistică a creării bogăției.

În esență, legile spirituale ale banilor servesc drept principii directoare care luminează legătura sacră dintre spiritualitate și bogăție. Prin încorporarea principiilor generozității, integrității și alinierii la conștiința superioară, putem transcende limitele materiale și intra într-un tărâm al posibilităților nelimitate și al abundenței.

Integrarea armonioasă a valorilor spirituale în activitățile financiare nu numai că îmbogățește viața materială a unei persoane, ci și hrănește sufletul, promovând un sentiment mai profund de scop, împlinire și prosperitate, în aliniere cu fluxul universal al abundenței.

Banii sunt în esență o construcție bazată pe încredere, securitate și acord social. Valoarea atribuită banilor nu este intrinsecă, ci mai degrabă un produs al credințelor colective, al sistemelor economice și al construcțiilor sociale. Cu toate acestea, înțelegerea naturii iluzorii a banilor necesită o examinare critică a semnificației lor simbolice și a rolului pe care banii îl joacă în modelarea experiențelor și interacțiunilor umane.

Impactul iluziei banilor depășește domeniul bogăției materiale și se extinde la dinamica complexă a puterii, statutului și stimei de sine. Societatea echivalează adesea succesul financiar cu valoarea personală, determinând persoanele să își asocieze stima de sine și identitatea cu activele lor monetare. Iluzia banilor perpetuează un ciclu de dorințe materialiste, creând o căutare constantă a bogăției ca măsură a fericirii și a împlinirii, și se intersectează cu dimensiuni spirituale și filosofice mai profunde, care reflectă interconectarea tărâmurilor material și imaterial.

Deși banii facilitează tranzacțiile economice și achiziționarea de materiale, natura lor iluzorie îi provoacă pe oameni să se întrebe care este adevărata sursă a abundenței și a împlinirii.

Eliberarea de iluzia banilor implică o călătorie de autocunoaștere, introspecție și reevaluare a convingerilor fundamentale cu privire la bogăție și succes, iluzia banilor servind drept poartă către investigații filosofice mai profunde cu privire la natura bogăției, valorii și percepției umane.

Prin depășirea aparenței materiale a banilor și explorarea esenței lor simbolice, oamenii pot descoperi adevăruri profunde despre interconectarea dintre abundență, spiritualitate și dezvoltare personală. Adoptarea unei viziuni holistice asupra banilor, care recunoaște natura lor iluzorie, poate duce la o schimbare de mentalitate care promovează un sentiment mai profund de împlinire, scop și rezistență în fața iluziilor materiale.

Capitolul 4: Echilibrul dintre dezvoltarea spirituală și prosperitatea financiară

Înțelepciunea dobândită din legătura eternă dintre spiritualitate și bogăție oferă o perspectivă profundă asupra experienței umane. În esență, relația dintre spiritualitate și bogăție este una de simbioză, nu de conflict.

Narațiunea care opune împlinirea spirituală bogăției materiale simplifică prea mult interacțiunea dinamică dintre aceste forțe. În schimb, o perspectivă diferențiată arată că acestea se pot completa și îmbogăți reciproc atunci când sunt abordate cu atenție și înțelepciune și că baza acestei armonii constă în recunoașterea faptului că bogăția și spiritualitatea nu sunt entități separate, ci fire interconectate ale experienței umane.

Călătoria către succesul financiar poate coexista cu creşterea spirituală atunci când este ghidată de principii de integritate, compasiune şi scop. Atingerea unui echilibru între cele două implică navigarea în lumea exterioară a bogăţiei monetare, cultivând în acelaşi timp peisajul interior al bunăstării spirituale.

În centrul acestei înţelegeri se află conceptul că bogăţia nu este în mod inerent antitetică spiritualităţii. În schimb, intenţia care stă la baza acumulării averii şi modul în care aceasta este utilizată determină alinierea acesteia la valorile spirituale.

Banii, atunci când sunt câştigaţi şi folosiţi în mod conştient, pot fi un instrument de transformare pozitivă şi de servire a celorlalţi. Dar echilibrarea spiritualităţii şi a bogăţiei nu este lipsită de provocări. Atracţia succesului financiar îi poate abate uneori pe oameni de pe calea cea bună, determinându-i să acorde prioritate câştigurilor materiale în detrimentul creşterii spirituale.

Pe de altă parte, concentrarea exclusivă asupra căutărilor spirituale, fără considerente financiare, poate pune în pericol capacitatea unei persoane de a face faţă aspectelor practice ale vieţii în lumea materială.

Atingerea unui echilibru între aceste domenii necesită un efort conştient de a integra practicile spirituale în viaţa de zi cu zi, abordând în acelaşi timp responsabilitatea financiară din punct de vedere etic. Prin adoptarea unei abordări holistice care să onoreze atât dimensiunea spirituală, cât şi cea materială a existenţei, persoanele pot culege roadele prosperităţii, rămânând în acelaşi timp ancorate în valorile spirituale.

În plus, lecțiile învățate din intersecția dintre spiritualitate și bogăție transcend simplele preocupări monetare. Acestea subliniază importanța alinierii propriilor acțiuni la principii superioare și promovarea unei atitudini de abundență bazate pe integritate și compasiune. Prin întruchiparea acestei relații armonioase, oamenii pot naviga prin complexitatea vieții cu grație și scop.

Interacțiunea dintre spiritualitate și bogăție oferă o rețea de lecții care luminează calea către bunăstarea holistică. Ea ne invită să transcendem dihotomia materialism versus spiritualitate și să îmbrățișăm un mod de viață mai integrat și mai autentic - unul care onorează atât creșterea sufletului, cât și prosperitatea domeniului material.

În domeniul bunăstării financiare și al dezvoltării personale, arta de a gestiona banii apare ca un pilon de forță și creștere. Trebuie să știm cum să ne gestionăm finanțele cu înțelepciune și previziune pentru un progres holistic. Dar în centrul gestionării eficiente a banilor se află conceptul de a crea bani, nu doar de a-i câștiga. Prin crearea de valoare și înțelegerea valorii intrinseci a ideilor, putem naviga în peisajul financiar cu o nouă perspectivă.

Ideea că vânzarea de idei este esența artei, nu arta în sine, subliniază ideea că valoarea și cererea se intersectează pentru a forma întreprinderi prospere, iar principiul de a te înconjura de cei care sunt apreciați și de a te angaja în întreprinderi care sunt percepute ca fiind valoroase subliniază esența alinierii valorilor personale cu obiectivele financiare. Sublinierea importanței satisfacerii nevoilor, mai degrabă decât a impunerii voinței, ilustrează subtilitățile satisfacerii nevoilor consumatorilor și ale promovării succesului pe termen lung în întreprinderile comerciale.

Practic, avem nevoie de o ofertă abundentă, calitate și atenție acordată nevoilor clienților pentru a promova satisfacția și a stimula cererea. Ideea de a oferi mai multă valoare decât se cere exemplifică etosul de a depăși așteptările și de a oferi excelență în toate demersurile, fie că scriem cărți sau conducem o afacere.

În plus, explorarea puterii de transformare a stăpânirii emoțiilor asociate cu banii dezvăluie o abordare autoterapeutică a reprogramării credințelor și atitudinilor cu privire la bogăție. Prin exerciții care personifică banii ca pe un prieten și care arată dragoste și apreciere pentru abundența financiară, ne putem schimba mentalitatea către prosperitate și bogăție.

Capitolul 5: Interacțiunea dintre încredere și bogăție

Interacțiunea complexă dintre bani și încredere dezvăluie o relație fundamentală care ne modelează percepțiile și interacțiunile cu bogăția. Banii, ca concept valorizat prin încredere, sunt intrinsec legați de încrederea pe care o acordăm reprezentării și utilității lor. Valoarea percepută a banilor este strâns legată de gradul de încredere pe care îl avem în stabilitatea și fiabilitatea sistemului economic care îi susține.

Valoarea pe care o atribuim banilor nu se bazează exclusiv pe forma lor materială, ci este profund înrădăcinată în încrederea pe care o avem în capacitatea lor de a funcționa ca mijloc de schimb, rezervă de valoare și unitate de cont. Această încredere în moneda pe care o folosim este esențială pentru buna funcționare a tranzacțiilor economice și pentru stabilitatea generală a sistemelor financiare.

Încrederea joacă, de asemenea, un rol fundamental în determinarea valorii percepute a bunurilor și serviciilor schimbate pe bani. Atunci când încrederea dintre cumpărători și vânzători este ridicată, este probabil ca valoarea percepută a produselor care fac obiectul schimbului să crească, conducând la rezultate mai favorabile pentru ambele părți.

Pe de altă parte, o lipsă de încredere poate pune în pericol valoarea percepută a tranzacțiilor, creând incertitudine și împiedicând interacțiunile economice. Relația dintre încredere și bogăție depășește însă cadrul tranzacțiilor individuale și cuprinde o dinamică socială și culturală mai largă. Valoarea socială, precum și valoarea percepută a unei persoane într-o comunitate, este strâns legată de nivelul de încredere și respect pe care îl posedă.

Încrederea în ceilalți crește valoarea socială a unei persoane și deschide oportunități de colaborare, creștere și prosperitate; încrederea este o componentă esențială pentru crearea și menținerea relațiilor personale și profesionale care pot conduce la succes financiar.

Interacțiunile de încredere promovează un sentiment de securitate și previzibilitate, permițând unei persoane să se angajeze în activități economice cu încredere și fiabilitate. În plus, încrederea în sine și în propriile capacități joacă un rol central în emancipare și crearea de bogăție. Încrederea în propria capacitate de a-și atinge obiectivele financiare și de a lua decizii corecte este esențială pentru succesul antreprenorial și acumularea de avere.

Pe scurt, relația complexă dintre bani și încredere subliniază impactul profund al încrederii și al fiabilității asupra valorii percepute a bogăției și a interacțiunilor economice. Încrederea servește drept ghid în modelarea convingerilor, comportamentelor și relațiilor noastre cu banii, influențând nu numai rezultatele financiare individuale, ci și percepțiile sociale și culturale mai largi ale valorii și bogăției.

Ca urmare, în lumea noastră modernă, banii servesc drept oglindă care reflectă valorile sociale, dinamica puterii și modelele de distribuție. Pe măsură ce indivizii acordă valoare banilor la nivel personal și comunitar, conceptul de monedă transcende forma sa fizică pentru a deveni un simbol al încrederii, al valorii sociale și al puterii de tranzacționare. Această legătură dintre încredere, valoare și bani stă la baza tranzacțiilor economice și a ierarhiilor sociale, iar o analiză mai atentă a impactului social al banilor dezvăluie realități crude privind diferențele de putere, inegalitatea economică și stratificarea socială.

Astfel, distribuția bogăției într-o societate reflectă nu numai inegalitățile financiare, ci și inegalitățile fundamentale în ceea ce privește accesul la resurse, oportunități și mobilitate socială. Corelația dintre bogăție și privilegii evidențiază nedreptățile sistemice perpetuate de distribuirea inegală a bogăției, iar rolul banilor în modelarea structurilor sociale este evident în domeniile ocupării forței de muncă, educației și calității vieții. În general, oamenii își schimbă timpul și munca pentru o compensație monetară, cu implicații asupra bunăstării, împlinirii și statutului social. Dar impactul banilor asupra educației evidențiază disparitățile în ceea ce privește accesul la oportunitățile de învățare, perpetuând ciclurile de privilegii sau dezavantaje.

Un aspect esențial al studierii banilor în societate este înțelegerea relației dintre productivitate, eficiență și crearea de valoare. Câștigurile de productivitate determinate de stimulentele economice evidențiază echilibrul complicat dintre efortul individual, recompensa economică și progresul societal. Alinierea competențelor individuale, a cererii de pe piață și a valorii economice evidențiază interconectarea creării de bogăție într-un context social.

Deslușirea implicațiilor sociale ale distribuției banilor arată că bogăția este mai mult decât un activ financiar - ea întruchipează putere socială, influență și oportunități. Cei care se află în poziții de privilegiu economic exercită adesea o influență semnificativă asupra structurilor sociale, modelând politicile, prioritățile și alocarea resurselor. Această concentrare a bogăției și a puterii evidențiază necesitatea unor mecanisme de distribuție echitabilă și a unor politici sociale care să promoveze incluziunea și justiția economică.

Cu toate acestea, prin examinarea critică a impactului social al banilor și a modelelor lor de distribuție, putem depune eforturi pentru o structură economică mai echitabilă, mai incluzivă și mai responsabilă, care să ridice nivelul comunităților, să încurajeze emanciparea și să promoveze prosperitatea durabilă pentru toți membrii societății.

Capitolul 6: Calea către o prosperitate durabilă

Unul dintre principiile fundamentale subliniate în explorarea strategiilor de afaceri eficiente este alinierea minții, conștiinței și acțiunii în călătoria antreprenorială. Este esențial să se recunoască faptul că o abordare holistică care cuprinde aspecte spirituale, psihologice și monetare este esențială pentru menținerea echilibrului și promovarea prosperității pe termen lung.

Interconectarea acestor elemente subliniază importanța creșterii și evoluției continue atât în sfera personală, cât și în cea a afacerilor, iar conceptul de faliment servește drept memento al consecințelor dezechilibrului și neglijenței în mediul de afaceri. Considerarea falimentului nu doar ca un eșec financiar, ci ca un colaps holistic care cuprinde fațete spirituale, psihologice și monetare, conduce la o introspecție asupra implicațiilor mai profunde ale bogăției și succesului.

Înțelegând că banii au o semnificație dincolo de forma lor materială și că alinierea strategică la propriul scop și la propriile valori este esențială pentru creșterea durabilă a afacerii, antreprenorii de succes transcend adesea farmecul câștigurilor imediate și acordă prioritate strategiilor pe termen lung în fața obiectivelor pe termen scurt.

O abordare orientată spre viitor, care se concentrează pe crearea unei valori durabile, pe cultivarea relațiilor cu clienții și pe investițiile în soluții inovatoare, îi distinge pe cei mai buni antreprenori de restul. Accentul pus pe strategii mai degrabă decât pe produse evidențiază valoarea planificării vizionare și a adaptabilității într-un peisaj de afaceri care evoluează rapid. Această atitudine ne cere să avem încredere în noi înșine și în ceilalți, atât în planificare, cât și în comunicare.

Această încredere se manifestă în viața noastră prin autodeterminare și disciplină, deoarece nu putem avea încredere în noi înșine dacă nu ne putem controla propriile instincte și acceptăm în schimb lenea. Această încredere se manifestă atunci când comunicăm cu ceilalți, având capacitatea de a respinge orice formă de conversație care anulează potențialul nostru de a ne atinge rezultatele.

De fapt, înainte de a găsi oameni care să ne pună întrebările potrivite, trebuie să scăpăm de persoanele care insistă să emită cele mai negative judecăți, sau cel puțin să le lăsăm în afara planurilor noastre. Mai târziu, când ne vom dezvolta planul de afaceri, încrederea va apărea în comunicarea noastră cu consumatorii.

Artiștii sunt, în general, săraci, nu atât din cauza inevitabilității unicității lor, cât din cauza lipsei capacității lor de a comunica eficient cu ceilalți. Am întâlnit odată un scriitor care se plângea că nu poate face mulți bani și, în timpul conversației, a recunoscut, de asemenea, că era foarte nepoliticos cu adepții săi. Și întrebarea este: cum te poți aștepta ca oamenii pe care îi antagonizezi să te iubească pentru ceea ce faci?

Mulți scriitori uită că, atunci când transmiți o imagine de aroganță oamenilor cărora le place munca ta, acea muncă își pierde din valoare și interes, și același lucru este valabil și pentru orice altceva. Am avut succes ca profesor și ca comerciant online pentru că atât elevii mei, cât și cumpărătorii online știau că pot avea încredere în mine pentru a răspunde la mesajele și întrebările lor și pentru a face exact ceea ce am spus că voi face. De asemenea, știau că nu se pot aștepta la același lucru de la alții. Diferența era evidentă, la fel ca și popularitatea mea rapidă ca proprietar de afacere și profesor.

Încrederea, un element fundamental al tranzacțiilor economice, stă la baza valorii percepute a unui produs și a mărcii din spatele acestuia, sau chiar a unei persoane și a serviciului său, și influențează comportamentul consumatorilor. Înțelegerea relației simbiotice dintre încredere și distribuția bogăției aruncă lumină asupra interconexiunii dintre structurile sociale, disparitățile economice și dinamica puterii în societate. Totuși, aceste dinamici sunt adesea influențate de gelozie.

De exemplu, nu am avut un răspuns pentru colegii mei care m-au întrebat de ce anumite universități m-au rugat să predau materii pentru care ei erau calificați, iar eu nu, deoarece se așteptau să obțină venituri suplimentare pe baza competențelor lor, iar în schimb oamenii m-au ales pe mine pe baza încrederii pe care o aveau în munca mea, și asta pentru că competențele și rezultatele nu sunt neapărat legate.

O persoană poate avea abilitățile și cunoștințele care au dus la dobândirea lor și să fie incompetentă în a produce rezultate, în timp ce o alta poate să fi dobândit abilitățile și cunoștințele pe cont propriu și să producă rezultate eficiente.

O diplomă universitară singură nu garantează rezultate. De fapt, majoritatea locurilor de muncă pe care le-am avut în viața mea nu au avut nimic de-a face cu ceea ce am învățat prin intermediul altor persoane, ci cu ceea ce am învățat pe cont propriu. Oamenii aveau încredere în rezultatele mele pentru că puteau vedea că alții nu obțineau rezultate, în ciuda calificărilor lor.

Unul dintre cele mai frecvente lucruri pe care le observ la oameni este că sunt egoiști, atât în ceea ce privește locurile lor de muncă, cât și serviciile pe care le oferă și afacerile pe care vor să le dezvolte, iar aceasta este cauza eșecului lor. Le lipsesc valoarea socială, conștiința spirituală și capacitatea de a vedea natura multidimensională a afacerilor. Ei nu pot transcende nevoia de profit imediat și să îmbrățișeze sustenabilitatea pe termen lung. Ca urmare, se confruntă cu provocări pe care nu le pot depăși, nu reușesc să crească productivitatea și profitabilitatea și sfârșesc prin a-și amâna cele mai urgente sarcini.

Mulți dintre ei nu reușesc, de asemenea, să transcendă paradigmele convenționale de afaceri sau să pună în discuție noțiunile tradiționale de succes și prosperitate, astfel încât încearcă aproape invariabil să reușească pe căi bine bătătorite care nu adaugă prea multă valoare. Le lipsesc discernământul și inteligența emoțională pentru a-și evalua deciziile și curajul de a se aventura în necunoscut.

Dacă ar avea mai multă încredere în ele însele și ar fi capabile să se alinieze unor valori sociale mai largi, să cultive relații cu clienții și să abordeze deficiențele organizaționale cheie, ar naviga mai ușor prin complexitatea peisajului de afaceri modern și ar trasa o cale către prosperitate durabilă, reziliență strategică și impact social.

Capitolul 7: Transformarea sărăciei în bogăție

Examinarea implicațiilor etice ale problemelor financiare pune în lumină complexitățile morale inerente căutării și gestionării banilor. În centrul reflecției etice se află recunoașterea faptului că convingerile noastre inconștiente joacă un rol semnificativ în modelarea atitudinilor și comportamentului nostru față de bani.

Realizarea faptului că mai mult de 80% din acțiunile noastre provin din convingeri profund înrădăcinate subliniază importanța introspecției și a percepției conștiente atunci când luăm decizii financiare.

Aceasta înseamnă, de asemenea, că dacă nu sunteți conștienți de nevoia zilnică de a vă reformula convingerile, este mai probabil să eșuați în orice lucru care necesită o schimbare a tiparelor de gândire și o schimbare de paradigmă în realitatea dumneavoastră.

Cu alte cuvinte, trebuie să credeți că puteți fi bogați înainte de a putea fi cu adevărat bogați, iar acest lucru presupune să vă vizualizați și să vă simțiți bogați înainte de a avea mai multă bogăție. Trebuie să vă simțiți mai confortabil cu bogăția decât cu sărăcia.

Deși acest lucru poate părea simplu, deoarece nimeni nu vrea să fie sărac, adevărul este că majoritatea oamenilor nu se simt confortabil cu bogăția, motiv pentru care își cheltuiesc banii la fel de repede cum îi câștigă.

Dobândirea unei mentalități a bogăției necesită să învățați să vă economisiți banii și să îi prețuiți. De asemenea, trebuie să vă asociați emoțiile cu bogăția, să vă bucurați de lucrurile pe care le fac oamenii bogați, cum ar fi călătoriile, mâncatul sănătos și să dobândiți o viziune mai pozitivă asupra vieții.

Acest lucru poate părea dificil sau ca și cum ai avea nevoie de bani pentru a face mai mulți bani și, deși este parțial adevărat că, cu cât ai mai mulți, cu atât poți obține mai mulți, există și alte modalități de a-ți antrena mintea cu aceste recomandări. De exemplu, poate că nu cunoașteți oameni faimoși și bogați, dar puteți citi ce scriu ei, memoriile lor și le puteți adopta obiceiurile mentale. Cele 38 de scrisori ale lui J.D. Rockefeller către fiul său sunt un bun exemplu în acest sens, deoarece, în timp ce el a împărtășit informații despre bogăție și valori sociale, puteți accesa și învăța din aceste scrisori ca și cum ați fi fiul celui mai bogat om din lume.

Există multe alte exemple de oameni care își împărtășesc gândurile și convingerile în cărți pe care le puteți citi. Cu cât faceți mai mult acest lucru, cu atât mai mult veți învăța de la oameni pe care nu i-ați întâlnit niciodată și care ar putea fi chiar morți. În cele din urmă, veți fi transformați de informațiile pe care le obțineți.

Când citeam mult, oamenii mă vedeau ca pe un tânăr ciudat pentru că formulasem concluzii care nu corespundeau realității mele. Eram sărac, arătam sărac și nu călătorisem niciodată nicăieri în lume. Dar acumulasem deja multe cunoștințe și, deși aceste cunoștințe păreau să contrazică realitatea mea, ele aveau să contribuie ulterior la potențialul meu de a o schimba.

Fără abundența de cărți pe care le-am citit despre Legea atracției, probabil că nu mi-aș fi schimbat creierul până la punctul de a-mi crea o lume nouă, de a mă mișca între realități paralele și, în schimb, m-aș fi luptat încă să supraviețuiesc, trecând prin exact aceleași provocări. Dar majoritatea oamenilor sunt atât de blocați în aceleași lupte încât învață să le numească normale și apoi le acceptă, murind exact așa cum au trăit întotdeauna, în mizerie și suferință absolute.

Orice altceva decât realitatea pe care o cunosc este o imposibilitate, o minciună, și de aceea aceiași oameni mă acuză că sunt traficant de droguri sau că fac orice altceva ilegal. Pentru că sunt prea proști pentru a se schimba, au nevoie să îi vadă pe cei care se schimbă nu ca fiind mai înțelepți, ci ca pe niște criminali.

De fapt, acesta este modul în care proștii percep realitatea, ca pe o lume în care trebuie să faci ceva ilegal pentru a o schimba, pentru că ei înșiși sunt incapabili să schimbe ceva. Și ce mizerie este atunci când accepți că ești cine ești și nu un produs al propriei tale creații. Așadar, cea mai dureroasă karmă pe care o poți oferi dușmanilor tăi este să nu lupți cu ei și să nu le dai nicio informație.

Am învățat semnificația întoarcerii celuilalt obraz, așa cum a recomandat Yeshua în Scripturi, atunci când am văzut, de-a lungul multor decenii, că oamenii refuză să se schimbe și, în schimb, încearcă să te oprească atunci când vrei să te schimbi și te insultă și te defăimează atunci când te schimbi. Așa că cel mai rău lucru pe care îl poți face pentru ei nu este să îi urăști, ci să îi lași în propria lor ignoranță, pentru că această ignoranță le perpetuează realitatea.

În zilele noastre, când aceiași oameni îmi vorbesc, este ca și cum m-aș fi întors în timp, pentru că persoana cu care vorbesc nu mai există, dar ei nu știu asta, sunt încă blocați în aceeași realitate în care nimic nu s-a schimbat. Ei nu pot percepe schimbările mele pentru că asta ar însemna să perceapă stagnarea lor și, prin urmare, adevăratul eu este invizibil pentru ei. Mă fac să mă simt ca o fantomă pentru că nu vorbesc cu adevărat cu mine, ci cu versiunea lor imaginară a ceea ce sunt eu.

De asemenea, nu este dificil să te bucuri de lucrurile pe care le fac oamenii bogați atunci când realizezi că unele dintre cele mai sărace locuri din lume sunt și unele dintre cele mai vizitate de turiști. Priviți în jurul vostru și realizați valoarea lucrurilor pe care nu le apreciați. Această mentalitate de apreciere vă va conduce la mentalitatea de bogăție pe care încercați să o creați.

De exemplu, când eram sărac, obișnuiam să vizitez zonele mai bogate ale orașului meu și să observ străzile, casele și să simt emoțiile din aer care erau alimentate de energiile locuitorilor. Nu judecam felul în care se uitau la mine, ci mă concentram asupra lucrurilor care erau gratuite, cum ar fi o plimbare pe plajă, sau ieftine, cum ar fi un espresso într-o cafenea unde eram întâmpinat cu un zâmbet.

Aceste experiențe m-au ajutat să îmi mut atenția de la sărăcie la bogăție, astfel încât, chiar și atunci când locuiam în apartamente în care îmi era rușine să invit prieteni, puteam experimenta o mentalitate bogată în timpul zilei doar prin faptul că mă aflam în zone în care mă puteam simți bogată.

Capacitatea de a-mi separa starea emoțională de starea financiară m-a ajutat să obțin spațiul mental necesar pentru a urma calea care m-a condus acolo unde sunt acum. Și am sfârșit prin a uita acea suferință imensă, chiar dacă îmi amintesc de ea de fiecare dată când mă întorc în Europa, pentru că am transformat-o în rezistență și autodisciplină. Acum nu mi-e frică să fiu sărac, pentru că știu cum să fiu bogat și îmi place viața pe care o am.

Capitolul 8: Integrarea eticii în chestiunile financiare

Interacțiunea dintre putere, bani și educație evidențiază influența expunerii timpurii la bogăție și privilegii în modelarea atitudinii indivizilor față de bani. Este clar că cei care sunt înconjurați de bogăție de la o vârstă fragedă sunt adesea orientați către o mentalitate a abundenței și a gestionării financiare responsabile, în timp ce persoanele crescute în medii mai puțin bogate se pot confrunta cu o mentalitate a penuriei și cu convingeri înrădăcinate cu privire la valoarea banilor.

Religiile, în special, joacă adesea un rol negativ în mintea oamenilor, asociind virtutea cu suferința și bogăția cu înșelăciunea și răul. În consecință, vinovăția acționează ca o forță corozivă care slăbește responsabilitatea personală și ne descurajează să ne urmăm visele. Ne simțim vinovați că ne dorim mai mult pentru că ni se spune că iubirea se găsește printre oamenii care își doresc mai puțin pentru noi și care nu vor aprecia realizările noastre, mai ales atunci când am obținut mult mai mult decât se așteptau ei de la noi.

Recunoașterea efectelor dăunătoare ale vinovăției asupra relațiilor cu banii și cu ceilalți subliniază importanța promovării unui sentiment de responsabilitate pentru propria noastră existență, în loc să permitem altora să ne dicteze rezultatele. La urma urmei, dacă noi suntem singurii care trebuie să facem față consecințelor, de ce ar trebui să permitem altora să ne dicteze experiența pe care o avem?

Asumarea responsabilității pentru succesul nostru financiar înseamnă, de asemenea, că este posibil să trebuiască să neglijăm valoarea oamenilor care ne asupresc. Dragostea noastră pentru ceilalți și altruismul nostru față de umanitate nu ar trebui să includă naivitatea și acceptarea celor care nu numai că nu înțeleg aceste calități, dar le disprețuiesc și le văd ca slăbiciuni.

Cu siguranță, îmi pierd repede interesul de a împărtăși ceea ce știu cu cei care nu fac același lucru și care, în schimb, mă văd ca pe un prost pentru că sunt compasiv, în timp ce ei îi văd pe ceilalți ca pe niște concurenți. Conversațiile noastre sunt motivate de interese diferite, iar virtuțile mele sunt văzute de ei drept defecte.

Mai mult, ori de câte ori împărtășești ceea ce știi cu oameni invidioși, este mai probabil să te confrunți cu opoziție prin minciuni, sabotarea eforturilor tale și calomnie.

Doar cei care văd viața ca pe o colaborare și un schimb de idei pot apăra valorile holistice și te acceptă așa cum ești, cu slăbiciuni și puncte forte, și văd adevăratele slăbiciuni și puncte forte din tine, în timp ce oamenii invidioși pe care îi întâlnești pe drum fac exact opusul și te fac să confunzi punctele tale forte cu slăbiciunile și slăbiciunile cu punctele forte.

Oamenii care au încercat să mă împiedice să devin un scriitor de succes găseau erori în ceea ce scriam sau îmi spuneau că nu sun ca un scriitor și niciuna dintre aceste situații nu îmi determină valoarea, deși îi fac pe mulți dintre cei care urmăresc același rezultat să își pună întrebări.

Niciunul dintre acești oameni nu și-a dat seama vreodată că experiența mea ca profesor și manager de afaceri sau miile de cărți pe care le-am citit despre finanțe, manifestare și spiritualitate mă vor ajuta să am succes, pentru că niciunul dintre ei nu era interesat să mă vadă reușind. Ei mizau pe eșecul meu.

Oamenii au nevoie să aibă dreptate, iar dacă aș fi eșuat, le-aș fi dovedit că au dreptate. Dar reușind, le-am dovedit că se înșeală și le-am arătat că sunt insignifianți în comparație cu mine, iar ei urăsc asta, motiv pentru care am pierdut toate prieteniile pe care le aveam.

Cu toate acestea, același lucru se întâmplă și cu cititorii mei care confundă împărtășirea cunoștințelor cu aroganța și apoi mă insultă în recenziile lor spunând că sunt narcisist. De ce aș fi narcisist dacă împărtășesc tot ce știu pentru a vă ajuta să reușiți și să vă bucurați de viață mai repede decât aș fi putut eu vreodată?

Condensez literalmente ani din viața mea în câteva pagini, astfel încât tu să poți obține mai mult în mai puțin timp. Dar sunt eu arogant, narcisist și rău intenționat pentru că fac asta?

Acești oameni sunt egoiști. Ei scriu aceste lucruri pentru că nu vor ca alți oameni să le citească cărțile. Scrierile mele îi fac să se simtă insignifianți și știu că, dacă alți oameni citesc aceste cărți, succesul acelor cititori îi va face să se simtă și mai rău, așa că fac tot posibilul să se asigure că mai puțini oameni găsesc cărțile și le citesc. Și ce păcat că trăim într-o lume în care majoritatea crede ceea ce spune majoritatea, pentru că dacă nu citești o carte din cauza a ceea ce a spus altcineva despre ea, ai mai puține șanse să găsești lecțiile de care ai nevoie.

Cele mai populare cărți nu amenință status quo-ul nimănui și de aceea sunt promovate. Ele nu sunt altceva decât cărți de bun simț care, în multe cazuri, te învață să accepți viața așa cum este și să nu faci nimic în privința ei. De fapt, o mare parte din ostilitatea față de cei bogați provine din marea inegalitate financiară. Cu cât oamenii sunt mai săraci, cu atât sunt mai predispuși să urască cărțile puternice despre cum să dobândești bogăție. Ei urăsc cartea pentru că nu o pot accepta, o urăsc pentru că nu se pot schimba și o urăsc pentru că știu că alții o vor citi și se vor schimba.

Aceasta este invidie, resentiment și o proiecție a urii de sine, toate în același timp, îndreptate către autorul unor astfel de scrieri. Și cum poate fi cineva atât de plin de ură încât să manifeste nebunie atunci când respinge exact lucrurile pe care le invidiază?

Nu putem contesta normele sociale care echivalează bogăția cu conotații negative prin acceptarea lor și nici nu ne putem schimba destinul urându-i pe cei care au ceea ce ne dorim. Prin reformularea perspectivelor privind distribuția bogăției și recunoașterea interconexiunii dintre bogăție și structurile sociale, putem cultiva o înțelegere mai nuanțată a considerentelor etice în materie financiară.

În centrul discursului etic privind banii se află recunoașterea faptului că succesul financiar este interconectat cu maturitatea spirituală și psihologică. Realizarea faptului că bogăția sporește calitățile inerente ale unei persoane subliniază importanța alinierii aspirațiilor financiare cu valorile și împlinirea personală.

Ne dezvoltăm ca oameni și ca suflete atunci când înțelegem că relația noastră cu banii se află în centrul relației noastre cu lumea și cu viața însăși și afectează nu numai modul în care trăim noi, ci și modul în care trăiește toată lumea. Avem nevoie de mai multă introspecție, conștiință socială și discernământ moral înainte de a putea vedea cum relația noastră cu banii este direct legată de modul în care vrem să ne trăim viața și de tipul de lume în care vrem să trăim.

Cu alte cuvinte, dacă nu-ți place șeful tău, nu mai lucra pentru el; dacă nu crezi în impactul pozitiv pe care compania ta îl are asupra lumii, pleacă; dacă vrei să fii bogat, alege ceva în care crezi și dă tot ce ai mai bun, nu doar pentru că vrei să fii bogat, ci pentru că știi că lumea este un loc mai bun cu oameni ca tine.

Încorporarea considerentelor etice în chestiunile financiare nu numai că promovează dezvoltarea și bunăstarea personală, dar contribuie și la o societate mai etică și mai armonioasă.

Capitolul 9: Alchimia dintre bani și emoții

Explorarea relației complexe dintre bani și emoții dezvăluie o legătură profundă care ne modelează bunăstarea mentală și psihologică. Influența banilor asupra stărilor emoționale servește drept determinant fundamental pentru înțelegerea dinamicii bogăției, fericirii și împlinirii spirituale.

În plus față de semnificația lor materială, banii au o greutate simbolică care se împletește cu peisajul nostru emoțional. În general, oamenii atribuie emoții profunde precum frica, anxietatea, fericirea și împlinirea problemelor financiare care reflectă valorile, credințele și experiențele lor. Înțelegerea acestei monede emoționale este esențială pentru a naviga prin complexitatea bogăției și impactul acesteia asupra împlinirii personale.

Interacțiunea dintre bani și emoții transcende simplele tranzacții financiare și pătrunde până în miezul conștiinței umane. Emoții precum resentimentele, bucuria, furia și teama sunt intrinsec legate de percepția noastră asupra bogăției și abundenței, iar frecvențele emoționale pe care le emitem, fie ele pozitive sau negative, ne influențează semnificativ rezultatele financiare și experiențele de viață.

Există o corelație între frecvențele emoționale și succesul financiar. Persoanele care operează cu frecvențe emoționale ridicate, caracterizate prin încredere, pozitivitate și recunoștință, tind să atragă bogăția fără efort, în timp ce frecvențele emoționale scăzute, caracterizate prin autocompătimire, resentimente și teamă, duc adesea la dificultăți și eșecuri financiare.

Trebuie să cultivăm o relație emoțională pozitivă cu banii pentru a manifesta abundența și bunăstarea financiară.

Adoptarea încrederii, a credinței și a muncii asidue ca principii directoare deschide calea către o aliniere armonioasă cu bogăția și succesul. Trecerea de la emoțiile negative la o mentalitate a abundenței și a recunoștinței pregătește terenul pentru schimbări transformative în realitatea financiară a unei persoane.

Prin identificarea și abordarea barierelor emoționale adânc înrădăcinate, putem porni într-o călătorie de autodescoperire și de împuternicire financiară. Reprogramarea tiparelor emoționale și a convingerilor despre bani prin exerciții de autoterapie și afirmații pozitive devine un catalizator pentru atragerea bogăției și prosperității.

Repetarea acestor afirmații în fiecare zi vă poate ajuta cu adevărat să vă aliniați mintea cu o viziune mai pozitivă asupra perspectivei de a vă îmbogăți. Tot ce trebuie să faceți pentru a crea această afirmație este să asociați o emoție pozitivă cu ea.

Acest exercițiu este și mai puternic dacă asociați stări mentale familiare cu aceleași emoții. De exemplu, ați putea spune: Îmi place să mănânc, dar îmi place și mai mult să fiu bogat și să mănânc în cele mai bune restaurante. Sau ați putea spune: îmi place să-mi văd partenerul zâmbind și îmi place și mai mult faptul că îi pot cumpăra cadouri scumpe pe care le adoră. Sau ați putea spune: îmi place slujba mea pentru că mă ajută să câștig mai mulți bani, iar cu acești bani pot călători, îmi pot face prieteni noi și pot explora tot ceea ce viața are de oferit.

După cum vedeți, este practic imposibil să urăști banii atunci când îi asociezi cu lucrurile pe care le prețuiești, motiv pentru care faptul că îți amintești de această legătură în fiecare zi prin afirmații pozitive îți poate schimba cu adevărat mintea de la o stare de lipsă la una de abundență. Îți vei da seama de acest lucru atunci când mintea ta devine foarte creativă în ceea ce privește economisirea banilor și vine cu idei pentru a câștiga mai mult.

Acest lucru mi se întâmplă tot timpul. Când partenerul meu îmi cere o pizza, compar imediat cele mai bune locuri de luat masa cu prețurile lor și văd că calitatea și costul nu sunt corelate, ceea ce înseamnă că pot mânca bine pentru mai puțin. Iar dacă vreau să scriu o carte bună, analizez întrebările pe care mi le pun cititorii, pentru că cu siguranță nu au găsit răspunsurile în conținutul scrierilor mele anterioare.

Pentru o persoană obișnuită, această gândire și analiză constante pot părea epuizante, dar numai pentru că astfel de oameni au emoții negative asociate cu banii. Ei nu vor să se gândească la ei, chiar dacă îi folosesc în fiecare zi. Și distanțându-se de ceva ce folosesc în fiecare zi, ei atrag de fapt mai multă lipsă.

Soluția este mai degrabă opusul, să vă vedeți bogăția ca pe un joc. Întreabă-te doar: Câți bani în plus pot pune în contul meu bancar luna aceasta? Ce aș putea face în timpul meu liber care să mă ajute să obțin mai mulți bani?

Nu trebuie să vă faceți griji cu privire la trecerea de la câțiva dolari la mii de dolari într-o perioadă scurtă de timp dacă vă concentrați pe schimbarea mentalității față de bani. Concentrează-te doar pe satisfacția de a câștiga un dolar în plus, care ar trebui să vină doar din munca ta.

De exemplu, ați putea să coaceți niște biscuiți și să îi vindeți online? Ai putea să faci un săpun natural și să îl vinzi pe social media? Ce ați putea face care să fie plăcut, terapeutic, distractiv și să vă ajute să câștigați mai mulți bani?

În esență, explorarea banilor și a emoțiilor evidențiază legătura profundă dintre stările interne și manifestările externe ale bogăției. Recunoscând impactul emoțiilor asupra rezultatelor financiare, vă puteți angaja pe o cale a stăpânirii de sine, a abundenței și a bunăstării holistice, dezvoltând în același timp o relație pozitivă, dar transformatoare, cu banii, care duce la împlinire emoțională.

Capitolul 10: Banii ca simbol al încrederii și prosperității

Studiul banilor ca unitate de cont și mijloc de plată evidențiază dubla lor funcție în sistemele economice. Ca unitate de cont, banii facilitează măsurarea și compararea valorii diferitelor bunuri și servicii economice, oferind o măsură comună pentru evaluarea tranzacțiilor și a activelor. Ca mijloc de plată, banii facilitează schimbul de bunuri și servicii, promovând astfel activitatea economică și permițând fluxul de resurse într-o societate.

Interacțiunea dintre bani, productivitate și bunăstarea socială reflectă o relație dinamică care merge dincolo de simplele tranzacții monetare. Productivitatea și eficiența sunt factori intrinseci care influențează crearea și circulația bogăției, subliniind rolul fundamental al efortului uman și al inovării în modelarea valorii banilor.

Recunoscând interconectarea activităților economice și a contribuțiilor personale, putem aprecia dinamica diferențiată care stă la baza valorii monetare, iar examinarea banilor în raport cu percepțiile culturale și normele sociale aruncă lumină asupra diverselor interpretări și implicații ale bogăției.

Credințele culturale, contextele istorice și structurile sociale contribuie la modelarea atitudinii indivizilor față de bani și influențează noțiunile de succes, bogăție și statut; astfel, adevărata valoare a banilor transcende forma lor materială și cuprinde o multitudine de semnificații, credințe și dinamici socioeconomice.

Recunoscând banii ca un simbol al încrederii, un mijloc de schimb și o reflectare a valorilor sociale, putem dezvolta o apreciere mai profundă a rolului multifațetat al monedei în modelarea sferelor personale, sociale și economice.

Banii servesc ca mijloc prin care indivizii își exprimă dorințele, intențiile și atitudinile față de acumularea de bogăție. Promovând o relație armonioasă cu banii și adoptând o mentalitate a abundenței, putem cultiva un sentiment de prosperitate care transcende simpla bogăție monetară și ne ajută să atragem mai multă bogăție.

Cunoașterea de sine, inteligența emoțională și recunoștința stau la baza capacității noastre de a ne modela călătoria financiară. Înțelegerea rolului emoțiilor în magnetizarea bogăției și a oportunităților evidențiază puterea gândirii pozitive, a vizualizării și a stabilirii intențiilor de a atrage abundența financiară; prin urmare, cultivând o mentalitate a abundenței și a recunoștinței, putem accesa fluxul universal de prosperitate și să ne manifestăm obiectivele financiare cu claritate și scop.

Această căutare a bogăției personale necesită o abordare holistică care integrează succesul financiar cu principiile integrității, compasiunii și responsabilității sociale. Prin alinierea căutărilor financiare la valorile etice și principiile spirituale, putem crea o bază pentru o prosperitate durabilă, care se extinde dincolo de câștigul financiar, la creșterea personală și impactul social.

Prosperitatea personală se măsoară atunci nu numai prin bogăția monetară, ci și printr-un sentiment holistic de bunăstare care include sănătatea fizică, echilibrul emoțional și relațiile semnificative. Legătura dintre bani și împlinirea personală subliniază importanța alinierii obiectivelor financiare la obiectivele și valorile de viață mai largi. Integrând crearea de bogăție cu dezvoltarea personală, ne putem angaja într-o călătorie a prosperității care ne îmbogățește nu numai conturile bancare, ci și calitatea generală a vieții noastre și a celorlalți.

Există nenumărate exemple de persoane și țări care și-au folosit ascensiunea de la începuturi umile pentru a obține un mare succes din motive altruiste sau cu idei care aduc beneficii umanității. O astfel de persoană este Howard Schultz, fost CEO al Starbucks. Crescut într-un proiect de locuințe sărace din Brooklyn, Schultz a muncit din greu pentru a-și depăși circumstanțele și a ajuns să revoluționeze industria cafelei prin crearea unei companii care a acordat prioritate responsabilității sociale și bunăstării angajaților. Starbucks a devenit cunoscută pentru faptul că a oferit beneficii de sănătate și opțiuni de cumpărare de acțiuni angajaților săi, fiind pionierul unui nou model de responsabilitate socială a întreprinderilor.La nivel național, Bhutan este o țară care a adoptat un model economic unic, axat pe promovarea fericirii naționale brute (GNH) mai degrabă decât a produsului intern brut (PIB). Prin prioritizarea bunăstării cetățenilor săi și a protecției mediului în detrimentul bogăției materiale, Bhutan a dat un exemplu de dezvoltare durabilă și prosperitate holistică. Angajamentul țării față de durabilitatea mediului, conservarea culturii și dezvoltarea echitabilă a inspirat discuții la nivel mondial despre paradigme economice alternative care acordă prioritate prosperității umane față de simpla creștere economică.

Un alt exemplu este cazul Costa Rica, o țară care a acordat prioritate conservării mediului și dezvoltării durabile pentru a stimula creșterea economică. Concentrându-se pe ecoturism, energie regenerabilă și conservarea biodiversității, Costa Rica și-a îmbunătățit perspectivele economice în beneficiul planetei și al oamenilor săi. Această abordare nu numai că a stimulat economia țării, dar a servit, de asemenea, drept model pentru practicile de dezvoltare durabilă pe care alte națiuni le-ar putea adopta pentru a atinge atât prosperitatea financiară, cât și protecția mediului.

Aceste exemple demonstrează cum indivizii și țările pot trece de la sărăcie la bogăție prin adoptarea unor idei sau strategii altruiste care contribuie în mod pozitiv la societate și la lume în general. Prin alinierea preocupărilor financiare la valorile etice, la responsabilitatea socială și la o viziune pentru binele suprem, este posibil să se obțină o prosperitate care transcende bogăția monetară și creează un impact de durată asupra indivizilor, comunităților și planetei.

Capitolul 11: Viitorul banilor

Evoluția sistemelor financiare și apariția noilor tehnologii vor revoluționa dinamica acumulării de bogăție și a tranzacțiilor monetare, deschizând o eră a schimbării și inovării fără precedent.

O temă centrală care răsună în discuțiile despre viitorul banilor este tranziția iminentă către un ecosistem monetar mai divers și mai incluziv. Dependența tradițională de banii de hârtie va face loc unei game mai largi de opțiuni, determinată de necesitatea unei mai mari flexibilități a pieței și a integrării financiare globale.

Începutul unei noi ere necesită o monedă globală care să depășească granițele, unind diverse economii și deschizând calea pentru oportunități economice egale în toate regiunile. Această evoluție către o monedă globală este susținută de o schimbare fundamentală către recunoașterea valorii proprietăților imobiliare ca piatră de temelie a stabilității și prosperității financiare. Se preconizează că bunurile imobiliare, mai degrabă decât activele tradiționale, cum ar fi aurul, vor juca un rol-cheie în modelarea viitoarei creații de bogăție și a sustenabilității.

Accentul pus pe proprietatea imobiliară reprezintă o întoarcere la principiile fundamentale care subliniază importanța activelor tangibile în stimularea creșterii economice și a rezilienței investițiilor, iar viitorul peisaj al banilor este văzut ca fiind inextricabil legat de progresele în domeniul energiei regenerabile și al tehnologiilor inovatoare.

Apariția soluțiilor energetice durabile și a invențiilor transformative va redefini modul în care percepem și utilizăm resursele financiare, trecând de la o societate dependentă de centralizarea resurselor energetice manipulate de câteva corporații la una independentă și autosuficientă.

Vedem deja o licărire a acestei tranziții prin concepte precum conversia energiei solare în energie utilizabilă și nevoia de modalități alternative, dar ecologice, de alimentare a vehiculelor noastre.

În curând, întreaga lume va funcționa cu resurse care sunt independente de orice monopol financiar. Aceasta, desigur, dacă putem trece de la o lume dominată de lăcomie la una a altruismului și a unei mai mari conștientizări a resurselor și interdependenței noastre ca specie planetară colectivă, divizată nu de frontiere, ci doar de idealuri.

Pe parcurs, unele norme ar trebui să cadă în desuetudine, cum ar fi nevoia de pașapoarte, frontiere și control asupra mișcărilor noastre pe planetă. Vedem semne ale acestui lucru în Uniunea Europeană. Sperăm că acest ideal, împreună cu vizele speciale create special pentru nomazii care doresc să lucreze în străinătate, va da naștere unui nou colectiv planetar.

Dacă doriți să vă poziționați înaintea celorlalți, trebuie să vă îndreptați spre acest viitor cu mintea și cu spiritul. Realizarea faptului că lumea are nevoie de o ascensiune către mai multă iubire și cooperare este cea care vă va conduce către viitorul vostru ideal.

Cu siguranță, orice ai decide să faci pentru a deveni mai abundent va avea succes dacă îl aliniezi cu triangulația idealizării unui Pământ mai bun, cu nevoia ta de a contribui la umanitate cu scopul tău și cu beneficiile pe care ți le va aduce mai multă abundență pe parcurs.

Ai mai multe șanse să atragi abundența atunci când o aliniezi cu intențiile tale sincere, motiv pentru care, de fiecare dată când cineva îmi cere ajutorul pentru a-și găsi scopul ideal de viață, în special unul care l-ar putea face foarte bogat, răspunsul meu este întotdeauna același: privește în jurul tău și găsește oportunități de a extinde conștiința umană. Există atât de multe modalități de a face acest lucru, încât atunci când îți schimbi conștiința de la a avea nevoie pentru tine la a dărui altora, vei găsi o abundență de oportunități. Asta înseamnă să ai o mentalitate a abundenței.

Oriunde merg, găsesc aceste oportunități și le împărtășesc cu localnicii, iar cei care ascultă și aplică ceea ce spun devin bogați în scurt timp, în timp ce restul continuă să se lupte cu lipsa lor de credință, lenea și ideile preconcepute despre lume.

Oamenii eșuează întotdeauna mai mult din cauza îndoielilor lor decât din cauza ideilor pe care le pun în aplicare. Mizând pe propria lor siguranță și pe ceea ce știu, majoritatea oamenilor investesc în eșecul lor, pentru că viitorul nu vrea nimic din trecut. Dacă vrei să te îmbogățești, trebuie să investești întotdeauna în viitor.

Una dintre cele mai evidente modalități de realizare a oportunităților este prin intermediul unităților pe care le vedem peste tot, adică cafenelele care vând exact aceleași lucruri. Ce avantaj au cei care vând lucruri unice asupra celor care nici măcar nu îndrăznesc să le copieze ideile. Dar ceea ce este și mai interesant este că localurile care vând dulciuri noi nici măcar nu inventează ceva nou, ci doar importă necunoscutul și îl fac vizibil pentru localnicii care altfel nu l-ar fi văzut niciodată.

Mă refer la brutăriile din China, Malaezia și Filipine care își sporesc profiturile și popularitatea prin vânzarea de pâine și prăjituri din Grecia, Franța, Spania, Italia și Portugalia.

Dacă ne uităm la sectorul imobiliar, este, de asemenea, foarte evident că modelele moderne care copiază cele mai bune idei din întreaga lume se vând mai repede decât modelele vechi, învechite.

Aceeași tendință se regăsește și în artă, unde pictorii care adoptă nevoia de inovație sunt mai performanți decât colegii lor care încă folosesc metode tradiționale. O putem numi artă modernă, dar este mult mai mult decât idei, este stimularea intelectului într-o lume suprasaturată de informații și haos care îi pune pe cei mai buni artiști în fruntea inovației și atenției, iar aceștia adună toată bogăția în timp ce restul se luptă să vândă, susținând că arta nu este apreciată.

Când vine vorba de cărți, și în calitate de proprietar al unei edituri de carte, aceste principii nu puteau fi mai evidente pentru mine, pentru că dau constant peste autori sau oameni care vor să publice o carte fără absolut nimic util de spus. Ei doresc ca numele lor să apară pe un produs important pentru a se simți validați și, cu toate acestea, nu le pasă dacă cuvintele lor nu sunt altceva decât o reinventare a ceea ce au spus deja alții sau pur și simplu o nevoie de a-și liniști ego-ul vorbind singuri. Cuvintele lor nu au nicio valoare intrinsecă și cum poate un scriitor să fie unic și să contribuie la lume cu o varietate atât de mare de opțiuni?

Ca cineva care a ajuns pe listele de bestselleruri de peste 100 de ori sub diverse pseudonime, vă pot da un răspuns clar: scriind ceva de care oamenii au nevoie și pe care nu îl pot găsi în altă parte. Iar modalitatea de a scrie ceva de calitate care nu poate fi găsit în altă parte este aceeași pentru orice demers de succes: citește mult, găsește informații neexploatate printre rânduri și în spatele gândurilor autorilor, explorează aceste informații în propria ta viață și în viața oamenilor pe care îi întâlnești și concentrează-te să aduci o contribuție la societate.

În loc să privești perspectiva de a vinde pur și simplu vise și emoții, gândește-te cum vor fi modelate viețile altor oameni de cuvintele tale. Dacă puteți face asta, puteți scrie o carte foarte bună.

Cu toate acestea, majoritatea oamenilor sunt atât de prinși de nevoia de a fi percepuți ca autori încât ajung să se concentreze aproape exclusiv pe structura propozițiilor, scriind elocvent, dar fără un sens valoros.

Personal, nu-mi pasă de calitatea unei cărți dacă nu are nimic să mă învețe, deoarece valoarea depășește întotdeauna calitatea cuvintelor.

Acest principiu se regăsește și în afaceri, deoarece, în timp ce mulți antreprenori sunt obsedați de calitatea produsului lor, cei de succes observă pur și simplu cum reacționează oamenii la acesta. La fel cum o carte pe care nu o citește nimeni este o carte fără valoare, un produs pe care nu îl cumpără nimeni este un produs fără valoare, indiferent de cât de mult timp investești în promovarea sa.

Acesta este motivul pentru care atât de mulți absolvenți de universitate eșuează ca antreprenori: sunt prea preocupați de teorii pentru a observa rezultatele. Ei petrec prea mult timp pe procese și pierd prea mult timp gândindu-se doar la lucruri inutile.

Capitolul 12: Intersecția dintre conștiință și bogăție

De fiecare dată când cineva vrea să facă afaceri cu mine, dar îi ia prea mult timp să facă ceea ce spune și promite, știu deja că nu face decât să-mi piardă timpul și caută întăriri pentru a-și rezolva amânarea, dar fără niciun impact pe termen lung asupra determinării sale.

Majoritatea oamenilor pur și simplu nu au ceea ce este necesar pentru a avea o mentalitate de bogăție, indiferent cât de mult citesc despre ea. Iar soluția pentru ei este chiar mai ignorată decât calitățile potrivite - înseamnă dezvoltarea disciplinei și analizarea sursei ignoranței lor prin chestionarea lor.

Nevoia tot mai mare de coachi nu este altceva decât o oportunitate de afaceri pentru a înlocui inutilitatea terapeuților certificați, pentru că un psiholog sau psihiatru care îți irosește timpul și nu te poate ajuta să îți atingi obiectivele, iar în schimb este obsedat de copilăria lui și de droguri, nu te poate ajuta cu adevărat să ajungi nicăieri, decât să ieși pe ușa apartamentului tău și să intri în biroul lui în fiecare săptămână, sau să își păstreze slujba, doar atât cât să își țină afacerea în funcțiune.

De asemenea, nu ai nevoie de certificare pentru a produce rezultate pentru tine și pentru alții, contribuind la o lume mai bună. Adesea, nici măcar nu aveți nevoie de produse.

Una dintre elevele mele a dezvoltat o afacere cu nimic mai mult decât o idee pe care i-am dat-o. Ani mai târziu, și-a angajat colegii să lucreze pentru ea, iar ceea ce făcea nu era altceva decât să aplice ceea ce făcea deja în calitate de interpretă. Singura diferență era că, în loc să aștepte ca clienții să ajungă în țară și să-i trimită un mesaj, ea a creat pachete de investiții în afaceri pe care le-a oferit companiilor din America de Sud. Pachetele ei includeau tot ceea ce ar fi dorit cineva care dorea să investească într-o fabrică chineză: cunoștințe despre posibilii producători, un traducător și un interpret care să însoțească grupul zilnic, rezervări la hotel, rezervări la restaurant și așa mai departe. După ce o plăteau, nu mai aveau de ce să își facă griji.

Ea a devenit atât de bogată încât colegii ei, din curiozitate, m-au întrebat ce i-am spus. Răspunsul nu a fost cel la care se așteptau: i-am spus ce le-am spus și celorlalți, pentru că am împărtășit în clasă.

Mulți se jucau cu telefoanele mobile în timp ce eu vorbeam pentru că nu credeau că ceea ce le spuneam era important și legat de examenele lor, alții se plângeau colegilor mei că pierd timpul predând materii fără legătură, și doar această fată copia și aplica informațiile pe care le împărtășeam.

Când acești elevi mi-au cerut să repet ceea ce le spusesem în acea zi, le-am spus: Citiți-mi cărțile, pentru că nu mai sunt profesorul vostru.

De multe ori, oamenii ratează cele mai bune oportunități din viața lor doar pentru că nu sunt atenți. Mulți dintre studenții mei de la alte universități au aplicat ideile pe care le-am împărtășit cu ei și au devenit extrem de bogați și fericiți cu viața lor. Nici măcar nu erau cei mai buni studenți, iar ideile nu erau extraordinare. Pur și simplu le-am împărtășit ceea ce observasem în țara lor și am combinat abilitățile lor cu nevoi evidente de care ar putea beneficia mulți.

Aceasta este formula succesului, dar pentru că oamenii sunt prea obsedați de bani pentru a se preocupa de nevoile celorlalți, ei nu mai caută, iar căutarea este cea mai importantă abilitate a unui bun antreprenor.

O altă problemă pe care o au mulți oameni, în afară de a nu privi, este să nu vadă, ca atunci când cred că profesorul este un idiot pentru că ar trebui să predea ceva dintr-o carte și nu știe nimic despre economie. Dar și mai rău, nu ascultă, pentru că motivul pentru care mi s-a cerut adesea să le predau profesorilor lor cum să predea și chiar să dau lecții despre cum să scrii un CV și cum să te comporți la un interviu este că am lucrat ca manager de afaceri înainte de a lucra în universități. Ei au ignorat, de asemenea, acest fapt evident.

Oamenii sunt prea orbi, surzi și proști pentru a vedea oportunitățile din fața lor și apoi susțin că sunt ghinioniști, dar la fel cum norocul favorizează mintea pregătită, cei care sunt prea proști cred întotdeauna că norocul nu este de partea lor.

Dacă muncești din greu cu ceea ce cineva împărtășește cu tine și devii incredibil de de succes, aceiași oameni leneși, needucați și închiși la minte îți vor spune că ești foarte norocos. Atât de inutile sunt opiniile lor, chiar și atunci când se plâng de cei care încearcă să îi ajute, doar pentru că acel ajutor nu se conformează prejudecăților și presupunerilor lor despre realitatea pe care doresc să o perpetueze.

Cei care depun mai multe eforturi pentru a păstra lumea așa cum este, în loc să o îndrepte spre un viitor mai bun, au întotdeauna mai multe șanse să eșueze în viață, și asta din motive evidente - investesc în trecut.

Mințile lor sunt amorțite, nu există creativitate, emoție sau motivație pentru perspectiva de a crea o lume mai bună pentru alții sau pentru ei înșiși, nu pot decât să invidieze și să râvnească la ceea ce au alții. Dar cu cât o persoană se concentrează mai mult asupra oportunităților care sunt aliniate conștiinței superioare, cu atât cresc șansele de succes. Acesta este motivul pentru care principiile spirituale sunt întotdeauna aliniate cu prosperitatea.

Acest lucru nu înseamnă că ar trebui să confundați religia cu spiritualitatea, deoarece acestea nu sunt același lucru, iar religia nu este altceva decât un set de principii convenite despre spiritualitate și natura umană, care adesea îi conduc pe oameni la o credință, mai degrabă decât la o realitate.

Nu există Dumnezeu în impunerea de credințe și dogme. Religiile sunt arene pentru venerarea demonilor. Există mai mult Dumnezeu într-un concert de heavy metal decât într-o biserică, pentru că adevăratul Dumnezeu este Dumnezeul creativității, al exprimării emoționale, al conștiinței de sine și al întrebării.

Dacă vrei să-L cunoști pe Dumnezeu, trebuie mai întâi să înveți să pui întrebări și să studiezi răspunsurile Lui. Apoi vei vedea că Dumnezeu îți răspunde la rugăciuni în fiecare zi cu tot ceea ce vine la tine. Chiar și cei dragi decedați te ajută din lumea spiritelor, pregătind terenul pentru miracolele care îți vor ieși în cale.

Tot ce trebuie să faceți este să acceptați aceste daruri și să le înțelegeți semnificația. De fapt, adesea spiritele din spatele vălului realității au cooperat pur și simplu pentru a aduce oamenii potriviți în viața ta.

Unul dintre aceste mari daruri este un partener susținător, iar tot ce trebuie să faceți este să-l respectați și să-l apreciați și să curgeți cu această energie către o existență mai bună. Mulți bărbați au devenit mai mari, nu datorită a ceea ce au învățat sau au făcut, ci datorită femeilor care au intrat în viața lor cu dragoste, curaj și credință.

Dar ce lume mizerabilă este atunci când femeilor li se spune că le este mai bine singure, pentru că aceasta este o lume în care se răspândesc promiscuitatea, demența, singurătatea și mizeria.

Atunci când femeile nu își înțeleg rolul de creatoare, iar bărbații își pierd interesul de a construi familii sănătoase, societatea nu se poate susține și este dusă la ruină de depresie și sinucidere, precum și de o lipsă totală de valori morale și ambiție.

[illegible] Dumnezeu [illegible] oferă [illegible]
[illegible]

[illegible]

[illegible]

[illegible]

[illegible]

[illegible] ce [illegible]

Capitolul 13: Puterea convingerilor subconștiente în crearea bogăției

Pe măsură ce lumea financiară continuă să evolueze, interacțiunea dintre monedele digitale și sistemele monetare tradiționale va contura viitorul gestionării averii și al tranzacțiilor.

Apariția monedelor digitale reprezintă o schimbare de paradigmă către mecanisme financiare descentralizate și sigure. Integrarea tehnologiilor de ultimă oră, cum ar fi microcipurile RFID, evidențiază potențialul unor schimbări revoluționare în modul în care percepem, tranzacționăm și stocăm averea în era digitală.

Problema cu care ne putem confrunta nu constă atât în tehnologiile în sine, cât în încercarea unui număr restrâns de persoane de a le utiliza pentru a controla masele și pentru a redirecţiona acest potenţial viitor către ei înşişi, limitând posibilităţile pentru un adevărat spirit antreprenorial.

Viitorul banilor deschide o nouă eră a conştiinţei financiare, în care valorile durabilităţii, inovaţiei şi incluziunii converg pentru a redefini dinamica creării şi distribuţiei bogăţiei, însă trebuie să fim conştienţi de încercarea câtorva persoane de a monopoliza acest viitor, aşa cum au făcut cu trecutul nostru şi cu tehnologiile care au fost dezvoltate.

De exemplu, becul este o invenţie minoră în comparaţie cu modelul propus de Nikola Tesla, care ar putea revoluţiona lumea şi să o devanseze cu multe mii de ani.

Când ne uităm la starea tehnologiei pe care o avem şi o comparăm cu vasta cantitate de cunoştinţe suprimate, este inevitabil să realizăm că suntem cu multe mii de ani în urma lumii pe care ar trebui să o avem, iar această nevoie de a ne corecta calea nu se va întâmpla până când nu vom urca în conştiinţă şi nu vom realiza înşelătoriile care continuă până în prezent.

Este necesar să îi oprim pe cei care sunt motivaţi de lăcomie şi să îi sprijinim pe cei care sunt motivaţi de valorile altruiste ale cooperării globale şi ale egalizării beneficiilor şi oportunităţilor pentru oamenii de pe planetă. O mare parte a acestui proces ne va cere să ne uităm la ceea ce a fost suprimat sau neglijat şi uitat, mai degrabă decât la idei sau invenţii noi. Exploatarea potenţialului de transformare al tehnologiei, durabilităţii şi conectivităţii globale este esenţială pentru deblocarea unui viitor în care prosperitatea nu este doar o aspiraţie, ci o realitate comună pentru indivizi şi societăţi din întreaga lume.

În acest scenariu potențial, viitorul banilor este la fel de real ca ceea ce putem face pentru alții, deoarece va evolua pe măsură ce evoluăm noi ca specie planetară. Ne îndreptăm în această direcție pentru că am înțeles deja că cărțile au valoare în sine, chiar și în format digital.

Sperăm că, pe măsură ce tot mai mulți oameni sunt dispuși să plătească pentru cunoștințe și informații și pe măsură ce acest proces devine mai accesibil maselor, posibilitatea unui Pământ mai bun va deveni o realitate la îndemâna noastră.

Pe de altă parte, nu se pot face prea multe pentru un popor ignorant, deoarece oamenii ignoranți nu pot vedea sau aprecia lucrurile bune. Asta este ignoranța, incapacitatea de a vedea valoarea, așa că ignoranța duce la eșec, iar eșecul duce la nefericire.

Dacă vrei să te îmbogățești, trebuie mai întâi să te educi, iar asta începe cu cărțile. Nu am întâlnit niciodată pe cineva care să fi eșuat pentru că nu avea o diplomă universitară, dar, de asemenea, nu am întâlnit niciodată un antreprenor de succes care să nu fi citit mult.

Explorarea necunoscutului prin lectură și învățare dezvăluie influențele ascunse care ne modelează percepția asupra bogăției și prosperității, aruncă lumină asupra impactului profund al convingerilor noastre cu privire la succesul financiar și bunăstare și ne extinde potențialul de a ne manifesta visele.

Voința singură nu este niciodată suficientă; trebuie să învățați, să vă schimbați și să vă îmbunătățiți. Și, deși eșecul nu vă determină rezultatele, este puțin probabil să reușiți dacă nu sunteți dispuși să învățați din aceste eșecuri și să vă îmbunătățiți.

Credințele și mentalitățile subconștiente pe care le avem joacă un rol fundamental în modelarea realității noastre financiare. Credințele înrădăcinate pe care le avem despre bani, bogăție și succes, adesea bazate pe paradigmele oamenilor din jurul nostru, formează baza deciziilor și comportamentelor noastre financiare.

O mare parte din ceea ce ne conduce la eșec își are rădăcinile în paradigmele, temerile și credințele false ale altora. Aceste convingeri, adesea înrădăcinate în noi din copilărie sau prin condiționare socială, dictează relația noastră cu bogăția și ne influențează deciziile financiare în moduri subtile, dar semnificative.

Înțelegerea puterii credințelor în sfera financiară este esențială pentru deblocarea adevăratului nostru potențial de bogăție.

Mintea subconștientă acționează ca un orchestrator tăcut, modelându-ne traiectoria financiară pe baza convingerilor și modelelor de gândire pe care le avem. Prin investigarea convingerilor noastre subconștiente cu privire la bani, putem descoperi barierele ascunse și convingerile limitative care ne pot frâna creșterea și abundența financiară.

Mintea noastră subconștientă este cea care ne poate dezvălui rețeaua complexă de convingeri care stau la baza deciziilor și comportamentelor noastre financiare. Facem acest lucru punându-ne la îndoială propriile gânduri și decizii și raționalizând modalități de a le îmbunătăți prin gândire sistemică și disciplină.

Fără autodisciplină, nimic nu se schimbă. Dar totul începe cu un calendar și un angajament față de obiectivele noastre în cadrul unei tranzacții autoimpuse de timp și rezultate.

Prin descoperirea sistemelor de convingeri ascunse care ne ghidează deciziile financiare, ne putem reprograma conștient mintea pentru succes și prosperitate. Acest proces implică provocarea și remodelarea credințelor limitative, cultivarea unei mentalități a abundenței și alinierea gândurilor și acțiunilor noastre cu obiectivele noastre financiare.

Prin cultivarea unei înțelegeri mai profunde a convingerilor noastre subconștiente și a influenței acestora asupra rezultatelor financiare, ne putem angaja pe calea creării conștiente de bogăție și a împlinirii.

Începeți prin a scrie tot ceea ce v-au spus sau v-au învățat părinții despre bani și veți începe să înțelegeți care sunt convingerile subconștiente care vă țin pe loc.

Această explorare introspectivă vă permite să valorificați puterea credințelor dvs. pentru a manifesta abundența financiară și prosperitatea în concordanță cu adevăratele dvs. dorințe și aspirații, deoarece dezvăluie o legătură profundă între mentalitatea dvs. subconștientă și realitatea financiară.

Prin pătrunderea în profunzimile convingerilor tale despre bogăție, abundență și succes, poți debloca potențialul ascuns de creștere și prosperitate financiară.

[illegible] intră [illegible]

[illegible] despre [illegible]

[illegible]

[illegible]

Capitolul 14: Intersecția dintre percepție și bogăție în succesul financiar

Esența integrării disciplinei și strategiei în materie financiară constă în capacitatea de a prevedea posibilele provocări, de a capitaliza oportunitățile și de a naviga eficient în peisajul complex al creșterii financiare.

Un aspect esențial al aplicării strategiei la eforturile financiare este accentul pus pe stabilirea unor obiective clare și realizabile. Definind obiective financiare specifice și schițând o foaie de parcurs pentru atingerea acestora, putem trasa o cale către succes.

Stabilirea obiectivelor strategice oferă o direcție și un sens al scopului în gestionarea finanțelor, permițând persoanelor să își mențină concentrarea și angajamentul față de obiectivele lor financiare.

În plus, planificarea financiară strategică implică evaluarea riscurilor și a oportunităților, analizarea tendințelor pieței și luarea unor decizii de investiții în cunoștință de cauză.

Printr-o cercetare aprofundată, putem identifica potențialele domenii de creștere, atenua riscurile și capitaliza oportunitățile pieței. Deciziile strategice de investiții bazate pe cercetări și analize solide pot duce la crearea de bogății durabile și la stabilitate financiară în timp.

Încorporarea planificării pentru situații neprevăzute în strategiile financiare este esențială pentru atenuarea circumstanțelor neprevăzute și asigurarea securității financiare pe termen lung. Stabilirea unor fonduri de urgență, a unei acoperiri de asigurare și a unor portofolii de investiții diversificate reprezintă măsuri strategice de protecție împotriva eșecurilor neașteptate și a recesiunilor financiare.

În plus, planificarea strategică include monitorizarea și evaluarea continuă a performanței financiare pentru a urmări progresele înregistrate în vederea atingerii obiectivelor și pentru a face orice ajustări necesare.

Evaluarea periodică a strategiilor financiare permite luarea de decizii proactive, corectarea cursului și optimizarea resurselor pentru a maximiza randamentele și a minimiza riscurile.

Prin menținerea unei abordări dinamice a gestiunii financiare, putem rămâne agili și receptivi la schimbările în dinamica pieței și în circumstanțele personale.

O parte integrantă a planificării financiare strategice este cultivarea unei mentalități de inovare și adaptabilitate. Adoptarea inovației în practicile financiare, explorarea de noi oportunități de investiții și menținerea la curent cu tendințele emergente sunt acțiuni strategice care pot spori creșterea și diversificarea financiară.

Rămânând deschiși la noi posibilități și anticipând evoluțiile, proprietarii de întreprinderi pot utiliza inovarea pentru a obține succes financiar și pentru a profita de evoluția condițiilor de pe piață.

Integrarea planificării strategice în demersurile financiare este esențială pentru obținerea succesului financiar pe termen lung, a sustenabilității și a prosperității. Adoptând o mentalitate strategică, stabilind obiective clare, efectuând cercetări aprofundate, punând în aplicare măsuri de urgență și promovând inovarea, putem naviga în peisajul financiar complex cu încredere și scop.

Pe măsură ce ne adaptăm la schimbările pieței, percepțiile noastre se schimbă și dobândim capacitatea de a prevedea rezultatele viitoare, ceea ce ne ajută să minimizăm riscurile și chiar să ne pregătim pentru ce este mai rău.

De fapt, percepția joacă un rol central în modelarea valorii și importanței banilor în viața noastră, precum și în extinderea capacității noastre de a gândi dincolo de eșecurile și provocările actuale. Dar una dintre cele mai mari greșeli pe care văd că le fac oamenii, și care descrie în mod clar mentalitatea lor de sărăcie, este încercarea de a măsura rezultatele altora prin ceea ce fac ei.

Oamenii tind să creadă că produsul definește succesul financiar al unei persoane și presupun cu aroganță potențialul de bogăție al unei persoane pe baza investițiilor și credințelor sale, și nu ar putea fi mai greșit, deoarece nu produsul definește rezultatele, ci strategia.

Oamenii cu un simț scăzut al valorii nu văd strategia în nimic, deoarece confundă rezultatele cu produsele. Acesta este motivul pentru care eșuează în tot ceea ce fac, deoarece modul în care gândesc despre fiecare idee este greșit de la început.

Înțelegerea modului în care percepția modelează conceptul de bani oferă o perspectivă asupra complexității psihologiei umane, a dinamicii sociale și a sistemelor economice. Cu cât este mai slabă înțelegerea dinamicii banilor într-o societate, cu atât este mai probabil ca aceasta să se îndrepte spre sfârșitul ei colectiv.

În plus, percepția banilor ca o reprezentare tangibilă a valorii este profund înrădăcinată în normele noastre culturale și sociale și este o oglindă perfectă a situației economice a unei națiuni. Dacă cetățenii nu au o bună înțelegere a banilor, acest lucru se va vedea în propriile lor rezultate și la nivel național.

Înțelegerea rolului percepției în modelarea atitudinii noastre față de bani ne permite să examinăm mentalitățile, credințele și prejudecățile cu privire la bogăție și abundență, precum și influențarea modului în care interacționăm cu banii în viața de zi cu zi și în structurile noastre sociale.

Percepția banilor ca un instrument de împuternicire, libertate și oportunitate poate determina oamenii să caute aventuri antreprenoriale, oportunități de investiții și independență financiară. Pe de altă parte, percepția negativă a banilor ca sursă de stres, lăcomie sau corupție poate împiedica creșterea financiară și bunăstarea.

Luate împreună, percepțiile sociale asupra banilor contribuie la construirea sistemelor economice, a instituțiilor financiare și a modelelor de distribuție a bogăției. Valoarea socială atribuită banilor modelează politicile economice, inegalitățile sociale și dinamica puterii în cadrul comunităților.

Înțelegerea impactului percepțiilor sociale asupra structurilor financiare este esențială pentru abordarea problemelor sistemice precum inegalitatea veniturilor, sărăcia și excluziunea financiară.

Pe scurt, interacțiunea dintre bani și percepție evidențiază relația complexă dintre convingerile individuale, construcțiile sociale și realitățile economice. Recunoscând influența percepției asupra valorii și semnificației banilor, putem cultiva o mentalitate pozitivă față de bogăție, ne putem abilita să urmărim obiective financiare și putem contribui la crearea unei societăți mai echitabile și mai prospere. Adoptarea unei mentalități care valorizează banii ca instrument de creștere, impact și bunăstare poate duce la o transformare holistică la nivel personal și social.

antreprenoriale [illegible] investitorii [illegible] ideile [illegible] amenințarea [illegible] percepții negative [illegible] stres [illegible] corupție [illegible] impredictibilitatea [illegible] birocrației.

La [illegible] politică [illegible] constrângeri [illegible] economice [illegible] modelelor [illegible] politice [illegible] și [illegible].

Interferența [illegible] sociale [illegible] Economia [illegible] incertitudine [illegible] investiții [illegible].

[illegible]

Capitolul 15: Prosperitate durabilă prin gestionarea averii

Cultivarea unei mentalități a abundenței este esențială pentru a vă reprograma relația cu banii. Îmbrățișarea conceptului de abundență și bogăție ca un drept din naștere poate fi un catalizator puternic pentru schimbare.

Acest lucru implică trecerea de la o mentalitate a penuriei la una a abundenței, de la frică la încredere în posibilitățile infinite ale universului. Vizualizarea unei vieți de libertate financiară, în care banii curg fără efort și oportunitățile abundă, poate ajuta la alinierea gândurilor și acțiunilor pentru atingerea acestor obiective.

Între timp, cultivarea unei mentalități de recunoștință pentru abundența deja prezentă în viața dumneavoastră poate ajuta, de asemenea, la mutarea atenției de la ceea ce lipsește la ceea ce este abundent. Practicarea generozității prin împărtășirea bogăției cu alții și contribuția la cauze care sunt în concordanță cu valorile personale nu numai că îmbogățește viața celorlalți, dar deschide și canale pentru a primi și mai multă abundență în schimb.

Îmbrățișând libertatea financiară ca pe o călătorie holistică de împuternicire, puteți transcende limitările, vă puteți dezlănțui întregul potențial și vă puteți crea o viață de abundență și prosperitate care se aliniază cu cele mai profunde dorințe și aspirații ale dumneavoastră.

Această mentalitate a abundenței vă ajută, de asemenea, să cultivați reziliența, care este esențială pentru depășirea obstacolelor, adaptarea la provocările neprevăzute și menținerea succesului pe termen lung.

Pentru a dezvolta puterea în fața adversității, există anumite principii și practici care vă pot ghida. În primul rând, este esențial să creați o bază financiară solidă. Aceasta include practicarea unui buget prudent, dezvoltarea unor obiceiuri sănătoase de economisire și alegerea unor investiții strategice. O fundație solidă oferă o plasă de siguranță împotriva șocurilor financiare neașteptate, permițându-vă să treceți mai ușor peste furtuni.

De asemenea, este important să acceptați riscul și inovația în demersurile dumneavoastră financiare. Asumarea unor riscuri calculate și explorarea unor strategii inovatoare pot duce la creștere și succes. Ieșirea din zona de confort, deschiderea către noi oportunități și adaptarea la schimbările pieței sunt esențiale pentru a prospera într-un peisaj financiar dinamic.De asemenea, trebuie să vă dezvoltați abilitățile de a gestiona eficient stresul, incertitudinea și eșecurile, deoarece acest lucru vă va spori capacitatea de a lua decizii corecte sub presiune.

Învățarea de a vă regla emoțiile și de a comunica eficient vă poate crește rezistența în situații financiare dificile.

Este mai ușor să cultivați aceste aptitudini atunci când sunteți informat cu privire la tendințele pieței, îmbrățișați noile tehnologii și explorați strategii financiare inovatoare care vă pot ajuta să vă adaptați la circumstanțele în schimbare și să profitați de noile oportunități de creștere.

De aceea, trebuie să vă înconjurați de mentori, consilieri și colegi care vă pot oferi îndrumare, perspectivă și încurajare în perioadele dificile. Cultivarea relațiilor bazate pe încredere, colaborare și responsabilizare reciprocă dezvoltă reziliența financiară și ingeniozitatea.

Flexibilitatea și adaptabilitatea sunt principalele caracteristici ale persoanelor rezistente din punct de vedere financiar, permițându-le să ajusteze cu ușurință strategiile și obiectivele financiare ca răspuns la schimbarea circumstanțelor.

Această adaptabilitate este esențială, deoarece vă permite să creați o moștenire durabilă, care se întinde pe mai multe generații. Gestionarea durabilă a averii își are rădăcinile într-un set de principii și acțiuni fundamentale care constituie baza pentru asigurarea transferului continuu al averii de-a lungul timpului.În centrul gestionării durabile a averii se află alocarea strategică a activelor, un principiu fundamental care implică crearea unui plan atent adaptat care să se alinieze obiectivelor financiare, toleranței la risc și orizontului de timp. Prin diversificarea inteligentă a investițiilor într-o gamă largă de clase de active, puteți reduce în mod eficient riscurile și optimiza randamentele pe termen lung, construind o bază financiară solidă pentru viitor.

Complementar alocării strategice a activelor este elementul central al planificării financiare pe termen lung, o componentă indispensabilă a strategiilor holistice de gestionare a patrimoniului.

Prin crearea cu atenție a unei foi de parcurs financiare cuprinzătoare, care include planificarea pensionării, structurarea patrimoniului, optimizarea fiscală și tactici de conservare a averii, puteți deschide calea către un viitor financiar sigur și puteți asigura crearea unei moșteniri durabile pentru generațiile viitoare.În domeniul gestionării sustenabile a averii, integrarea investițiilor cu impact și a responsabilității sociale apare ca o forță motrice, remodelând paradigmele investiționale cu un etos al capitalismului conștient. Adoptarea acestor principii nu numai că aliniază investițiile la valorile personale, dar sprijină și inițiativele care promovează durabilitatea mediului, încurajează schimbările sociale pozitive și generează randamente financiare cu impact, încorporând o combinație armonioasă de profit și scop.La fel de fundamentală pentru gestionarea durabilă a averii este și fațeta gestionării riscurilor și a planificării pentru situații neprevăzute, care servește ca un bastion împotriva adversităților neprevăzute care ar putea amenința stabilitatea financiară. Prin implementarea proactivă a unor strategii solide de atenuare a riscurilor și a unor planuri de urgență pentru a face față fluctuațiilor pieței, incertitudinilor economice sau crizelor personale, vă puteți proteja averea și vă puteți menține o stabilitate financiară durabilă în fața provocărilor.Aplicarea unei gestionări adecvate și durabile a patrimoniului permite transferul patrimoniului între generații, anunțând o abordare strategică pentru garantarea continuității fără cusur a activelor și valorilor între liniile familiale.

Utilizând instrumente precum trusturile, testamentele și structurile de guvernanță familială, puteți orchestra transferul de avere cu precizie și previziune, promovând o moștenire de administrare responsabilă și prosperitate între generații. Iar prin dotarea generațiilor viitoare cu cunoștințele și abilitățile necesare pentru a se descurca în complexitatea procesului decizional financiar, puteți planta semințele unei perspicacități și reziliențe financiare durabile pentru alții, perpetuând o moștenire de administrare informată și prosperitate durabilă.

Capitolul 16: Valori sociale și succes individual în economia globală

Valoarea acordată banilor variază de la o societate la alta, cuprinzând credințe tradiționale, tendințe moderne și dinamici economice în evoluție care modelează percepțiile asupra bogăției și succesului financiar și influențează distribuția bogăției, accesul la oportunități și mobilitatea economică într-o comunitate.

Puteți avea mai multe oportunități într-o țară decât în alta, nu neapărat pentru că o națiune este mai bogată decât alta, ci pentru că abilitățile, ideile și talentele dumneavoastră sunt mai apreciate și mai bine plătite într-un loc decât în altul.

Mulți artiști ar atinge succesul dacă ar ști cum să îl urmărească în loc să îl forțeze. Același lucru este valabil și pentru scriitorii care insistă asupra unei anumite limbi în loc să ia în considerare o varietate de opțiuni culturale și lingvistice. Și în afaceri, ai mai multe șanse de a reuși în ceea ce faci dacă alegi mediul potrivit pentru asta.

De exemplu, unul dintre cei mai bogați brutari pe care i-am întâlnit era mediocru în Franța, dar și-a făcut rapid toată averea în Shanghai, și nici măcar nu a trebuit să schimbe ceva, ci doar să continue să facă ceea ce făcea, adică croissante, pâine și alte produse de patiserie. Nici măcar nu era un om de afaceri inteligent, dar se afla în locul potrivit pentru a-și realiza visele și chiar s-a căsătorit cu o localnică.

Sistemele de valori sociale dictează alocarea resurselor, recunoașterea contribuțiilor individuale și prioritizarea activităților economice care sunt coerente cu valorile și obiectivele colective. Pe de altă parte, inegalitățile în distribuirea bogăției reflectă adesea ierarhiile sociale, structurile de putere și moștenirile istorice care afectează rezultatele economice și coeziunea socială.

Valoarea ta ca individ este determinată nu de percepția celorlalți, ci de locul în care te afli. Indiferent de talentul tău și de visul pe care vrei să ți-l manifești, există cu siguranță un loc pentru el, altfel visul nu ar veni la tine și tu nu ai avea talentul de a-l manifesta.

De aceea le spun adepților mei să nu-și facă griji cu privire la necunoscut, pentru că nu trebuie să știți unde sau când se va manifesta talentul vostru înainte de a lucra la el.

Pe măsură ce evoluați spre visul ideal din mintea voastră, elementele necesare se vor manifesta pentru voi. Pământul, orașul și oamenii vor veni la tine.

Acest lucru nu înseamnă că trebuie să rămâneți pentru totdeauna în orașul pe care îl găsiți, ci pur și simplu că există un loc potrivit pentru orice, pentru fiecare lecție și pentru fiecare schimbare necesară. De asemenea, este adevărat că nu eșuezi în ceea ce faci la fel de mult ca oamenii pe care îi întâlnești de-a lungul drumului.

Petrecerea timpului cu oamenii potriviți poate fi fundamentală pentru atingerea obiectivelor tale în viață. Dar găsirea lor nu este la fel de importantă ca învățarea tipului de oameni cărora trebuie să le spui nu.

Înainte de a putea găsi oamenii potriviți, trebuie să înveți să fii singur și să spui nu numeroaselor persoane nepotrivite care îți ies în cale.

În același mod, înainte de a-ți găsi drumul în viață, trebuie să eșuezi și să înduri frustrarea de a urma căi greșite.

Sistemele de valori ale unei societăți modelează aspirațiile, motivațiile și atitudinile individuale față de bani, influențând gestionarea financiară personală, alegerile profesionale și preferințele privind stilul de viață care reflectă normele și așteptările societății, precum și modul în care indivizii din societățile respective îi percep pe ceilalți și pe ei înșiși.

Examinarea sistemelor de valori sociale legate de bani dezvăluie interacțiunea complexă dintre cultură, economie și comportamentul uman, permițându-vă să vă evaluați corect potențialul în cadrul acestei dinamici. Înțelegerea modului în care valorile sociale influențează conceptul de bani pune în lumină complexitatea distribuției bogăției, a dezvoltării economice și a coeziunii sociale în comunități.

Este posibil să nu vă faceți prieteni în societățile care nu vă împărtășesc valorile, dar nu vă veți simți niciodată singuri în cele care le împărtășesc. De aceea, deși mi s-a părut dificil să port o conversație normală cu mulți idioți pe care i-am întâlnit în Europa, inclusiv cu mulți nomazi nord-americani pe care i-am întâlnit acolo, mi se pare ușor să-mi fac prieteni în țările asiatice.

Înțelepciunea pur și simplu nu este ceva care aparține Occidentului, ci Orientului. Acceptând această realitate, mi-a fost mai ușor să-mi îmbunătățesc viața, bunăstarea, să scriu mai multe cărți, să obțin mai mult succes financiar și chiar să-mi găsesc sufletul pereche.

Nu trebuie să îți ceri scuze pentru alegerile tale de viață, cu excepția cazului în care simți că îți datorezi viitorul trecutului tău și oamenilor pe care i-ai întâlnit acolo. Adesea, acceptarea realității din fața ta și a negativității acesteia este primul pas către recunoașterea nevoii de a schimba locația și de a găsi succesul în altă parte.

Capitolul 17: Crearea de bogăție și antreprenoriatul în era digitală

Dezvoltarea sistemelor de plată mobile și a portofelelor electronice a transformat modul în care oamenii efectuează tranzacțiile zilnice, de la achiziționarea de bunuri și servicii la transferul de fonduri și gestionarea finanțelor personale de oriunde din lume, făcând foarte ușoară și accesibilă pentru oricine deplasarea dintr-un loc în altul pe planetă. Astăzi îi putem numi nomazi pe acești indivizi, dar numai pentru că masele nu au învățat să normalizeze această dinamică și au rămas blocate în stadiile sociale anterioare, și anume agrar și industrial.

Am intrat în stadiul post-industrial al societății, care a început să apară la sfârșitul secolului al XX-lea și continuă să evolueze în prezent. Cu toate acestea, deși societatea actuală este adesea numită societate post-industrială din cauza trecerii de la economiile bazate pe producție la economiile bazate pe servicii, rolul din ce în ce mai mare al tehnologiei și al informației în viața de zi cu zi ne conduce către o etapă complet nouă.

Această nouă etapă socială este caracterizată de aplicațiile de plată mobile, de opțiunile de plată fără contact și de portofelele digitale, care au simplificat procesul de tranzacționare, permițând utilizatorilor să plătească în mod convenabil de pe smartphone-uri, tablete sau dispozitive portabile. Comoditatea, rapiditatea și accesibilitatea tranzacțiilor mobile au remodelat comportamentul consumatorilor și practicile comercianților în era digitală, depășind sfera monedelor digitale și a plăților mobile pentru a ajunge la domeniul comerțului electronic, al piețelor online și al activelor virtuale.

Aceste caracteristici au facilitat cumpărăturile online, ceea ce, la rândul său, a facilitat apariția afacerilor online și a deschis un orizont nelimitat în ceea ce privește necesitatea de a dezvolta aplicații legate de marketing și gestionarea produselor.

În prezent, orice adolescent cu acces la internet poate începe o afacere online și poate vinde practic orice de oriunde din lume. Metodele disponibile sunt numeroase și au devenit atât de simple încât oricine se poate îmbogăți folosind doar un computer sau un smartphone.

Proliferarea platformelor de cumpărături online, a piețelor digitale și a bunurilor virtuale a estompat granițele dintre tranzacțiile fizice și cele digitale, creând noi căi pentru participarea economică, schimbul de valori și crearea de bogăție. Oricine poate fi antreprenor astăzi, este nevoie doar de dorința de a face acest lucru.

Există atât de multe oportunități încât nici măcar nu ai nevoie de o idee. Există multe produse care pot fi vândute sub orice marcă, iar o marcă nu este nimic mai mult decât un cuvânt.

Viitorul sistemelor noastre economice se află în convergența inovațiilor tehnologice, a structurilor de reglementare și a preferințelor consumatorilor care modelează peisajul interacțiunilor financiare. Dar atitudinile culturale față de bani influențează, de asemenea, obiceiurile de consum, practicile de economisire și deciziile de investiții din întreaga lume.

Unele culturi acordă prioritate bunăstării colective și sprijinului comunității în fața acumulării de avere individuală, în timp ce altele pun accentul pe succesul financiar personal și pe posesiunile materiale ca indicatori ai împlinirii și fericirii.

Explorarea perspectivelor globale asupra banilor dezvăluie o rețea de valori, credințe și practici care stau la baza comportamentelor financiare și a interacțiunilor economice în diverse medii culturale. Prin explorarea naturii multifațetate a banilor într-un context global, putem obține o perspectivă mai profundă asupra interconexiunii economiilor, culturilor și experiențelor umane într-o lume din ce în ce mai interconectată.

Banii joacă un rol semnificativ în contribuția la împlinirea și satisfacția personală, intersectându-se cu diverse aspecte ale experienței și bunăstării umane, însă relația dintre bani și împlinire nu cuprinde doar abundența materială, ci și considerații spirituale, emoționale și relaționale care modelează sentimentul de satisfacție și calitatea generală a vieții unui individ.

Căutarea împlinirii personale prin intermediul banilor reflectă adesea dorințe mai profunde de securitate, libertate și autorealizare. Banii sunt văzuți ca un mijloc de satisfacere a nevoilor de bază, de asigurare a confortului și de creare a unor oportunități de dezvoltare și de autoexprimare. Dar este greșit să căutăm o viață de abundență pentru a ne crește stima de sine?

Totul depinde de cât de mult poți rezista dacă te simți pierdut atunci când societatea insistă ca banii să determine valoarea strategiilor și planurilor tale de viitor.

De exemplu, timp de mulți ani am fost numit nebun de oameni care nu credeau că aș putea avea succes ca scriitor. Această atitudine față de rezultatele mele persistă până în prezent, deoarece mulți oameni nu cred că aș face ceea ce fac deja pentru a-mi câștiga existența.

Majoritatea oamenilor nu vor crede în ideile tale înainte ca tu să ai succes și s-ar putea să nu creadă în ele nici după ce vei avea succes, preferând să te eticheteze drept criminal și mincinos.

Deși mulți oameni caută stabilitatea financiară și abundența ca o modalitate de a-și atinge obiectivele, de a-și urmări pasiunile și de a avea un sentiment de împlinire și satisfacție în viață, acest lucru se poate întâmpla după mulți ani de luptă, dezamăgire și frustrare, deci nu veți experimenta fericirea până când nu vă veți acomoda cu nefericirea.

Nu veți experimenta bogăția până când nu vă veți acomoda cu sărăcia. Unii dintre cei mai de succes antreprenori pe care îi cunosc au trecut prin ani de sărăcie extremă și foamete.

Capitolul 18: Cultivarea unei relații pozitive cu banii

Cultivarea unei relații pozitive cu banii implică alinierea obiectivelor financiare la valorile personale, la considerente etice și la un sentiment mai larg al scopului și sensului vieții.

Cei care văd banii ca pe un instrument de îmbunătățire a bunăstării, de contribuție la binele general și de susținere a scopului vieții lor tind să experimenteze un sentiment mai profund de împlinire și satisfacție.

Impactul banilor asupra împlinirii personale este interconectat cu bunăstarea emoțională, sănătatea mintală și dinamica relațiilor. Provocările financiare, datoriile și penuria pot duce la stres, anxietate și sentimente de inadecvare care subminează sentimentul de împlinire și de pace interioară al unei persoane.

Pe de altă parte, securitatea financiară, abundența și practicile înțelepte de gestionare a banilor pot favoriza un sentiment de încredere, responsabilizare și echilibru emoțional, sporind satisfacția și bunăstarea generală în viață.

Căutarea împlinirii prin bani implică, de asemenea, echilibrarea dorințelor materiale cu creșterea spirituală, implicarea în comunitate și contribuțiile la societate.

Persoanele care văd banii ca pe un instrument pentru a crea schimbări pozitive, pentru a sprijini cauze semnificative și pentru a cultiva relații tind să aibă un sentiment mai profund de împlinire și de scop în activitățile lor financiare. Găsirea armoniei între succesul financiar și bunăstarea holistică presupune integrarea obiectivelor financiare cu dezvoltarea personală, responsabilitatea socială și principiile spirituale pentru a crea o viață plină de sens și împlinire.

Explorarea relației dintre bani și împlinirea personală dezvăluie natura multidimensională a bogăției și a bunăstării. Recunoscând banii ca o resursă pentru satisfacerea nevoilor materiale și nemateriale, putem cultiva o abordare echilibrată a gestionării financiare, care să ne alinieze obiectivele financiare cu valorile, aspirațiile și viziunea generală asupra unei vieți împlinite.

Banii, atunci când sunt utilizați în mod chibzuit și intenționat, au potențialul de a spori împlinirea personală, de a promova fericirea și de a contribui la o viață plină de sens, bucurie și satisfacție.

Cultivarea unei mentalități a bogăției implică alinierea emoțiilor, credințelor, atitudinilor și comportamentelor cuiva la principiile abundenței, succesului și creării de bogăție, pentru a manifesta rezultatele financiare dorite.

Atunci când credem că eforturile noastre sunt pentru un bine mai mare, este mai probabil să ne simțim împliniți, fericiți și dedicați creării de bogăție.

În loc să se concentreze exclusiv pe câștigul personal, persoanele cu o mentalitate a bogăției acordă prioritate creării de valoare pentru alții prin produse sau servicii care satisfac nevoi și dorințe specifice. Prin înțelegerea dinamicii pieței, identificarea oportunităților și oferirea unei valori excepționale, putem culege recompense financiare și construi o avere durabilă în timp.

În același timp, nu poate fi subestimată importanța încrederii în sine și a vorbirii pozitive despre sine în promovarea unei mentalități a bogăției. O încredere puternică în abilitățile tale, în valoarea succesului tău financiar și în capacitatea ta de a-ți atinge obiectivele este un motor puternic al creării de avere.

Încrederea le permite oamenilor să își asume riscuri calculate, să profite de oportunități și să persevereze în fața provocărilor.Vorbirea pozitivă despre sine joacă, de asemenea, un rol-cheie în modelarea mentalității unei persoane către abundență. Prin înlocuirea gândurilor negative și a convingerilor limitative cu afirmații de succes, abundență și prosperitate, ne putem reprograma subconștientul pentru a ne sprijini obiectivele financiare.

Această schimbare de mentalitate poate avea un impact profund asupra comportamentelor, atitudinilor și acțiunilor, conducându-ne în cele din urmă către succesul financiar.Menținerea unei mentalități bogate înseamnă mai mult decât acumularea de bani. Este vorba despre adoptarea unui set de convingeri, atitudini și comportamente care sunt coerente cu principiile abundenței, succesului și prosperității. Prin cultivarea unei mentalități înrădăcinate în crearea de valoare, disciplină, responsabilitate, încredere în sine și încredere în deciziile noastre, ne putem poziționa pentru abundență financiară, împlinire și creare de bogăție pe termen lung.

Capitolul 19: Interacțiunea dintre bunăstarea financiară și sănătatea mintală

Legătura profundă dintre bunăstarea financiară și sănătatea mintală nu poate fi ignorată. Trebuie să adoptăm o abordare cuprinzătoare a bunăstării financiare care să includă reziliența psihologică, bunăstarea emoțională și conștientizarea sănătății mintale.

Povara provocărilor financiare, a datoriilor și a incertitudinii economice poate contribui semnificativ la sentimente de anxietate, depresie și stres emoțional, care ne afectează productivitatea și capacitatea de a lua decizii eficiente.

Este recomandabil să luăm în considerare nevoia de sprijin pentru sănătatea mintală și de servicii de consiliere atunci când ne confruntăm cu stres financiar sau provocări emoționale.

Mulți dintre adepții mei de succes au apelat la serviciile mele de coaching atunci când se simțeau cel mai rău și nu aveau nicio perspectivă cu privire la ce să facă cu viața lor, cu ani înainte de a atinge succesul.

Consultarea profesioniștilor din domeniul sănătății mintale, a antrenorilor de viață, a terapeuților sau a consilierilor vă poate ajuta să vă dezvoltați strategii de coping, abilități de reziliență și practici de bunăstare emoțională care să vă sprijine călătoria financiară.

Sunteți responsabil pentru acțiunile dumneavoastră și pentru faptul că solicitați ajutor de la cei care vă pot ajuta, dar învățarea de la alții despre cum să depășiți dificultățile emoționale vă poate oferi rezistența și conștiința de sine necesare pentru a lua decizii financiare mai bune și pentru a gestiona eficient dinamica relațiilor.

De asemenea, ar trebui să vă angajați în practici de autoîngrijire și tehnici de reducere a stresului, acordând prioritate activităților care promovează relaxarea, atenția, sănătatea fizică și echilibrul emoțional.

Unele dintre aceste activități pot include implicarea în comunități de sprijin, rețele inter pares sau grupuri de susținere a sănătății mintale. Prin conectarea cu alte persoane care vă înțeleg experiența, puteți cultiva empatia, înțelegerea comună și sprijinul reciproc care contribuie la conștientizarea sănătății mintale și la reziliența financiară.

Combinația acestor strategii vă va permite să faceți față provocărilor financiare cu reziliență, compasiune și claritate mentală.

Pe măsură ce ne dezvoltăm o înțelepciune superioară cu privire la bani, înțelegem puterea transformatoare a stăpânirii emoțiilor noastre legate de bani. În loc să ne forțăm pe căi care ne neagă individualitatea, căutăm o abordare autoterapeutică pentru a ne reprograma convingerile și atitudinile față de avere.

Această abordare a vieții și a banilor pune accentul pe considerentele etice în materie financiară și clarifică legătura inextricabilă dintre succesul financiar, maturitatea spirituală și bunăstarea psihologică.

În urmărirea unei vieți de abundență financiară, suntem chemați să ne aliniem aspirațiile financiare cu cele mai profunde valori personale și să cultivăm o mentalitate a abundenței care merge dincolo de simpla acumulare de avere.

Pe măsură ce aprofundăm relația complexă dintre bani și emoții, ajungem să înțelegem modul în care stările noastre emoționale ne afectează bogăția, fericirea și împlinirea spirituală. Descoperim impactul convingerilor noastre, al mentalității subconștiente și al prejudecăților comportamentale asupra deciziilor noastre financiare, provocându-ne să adoptăm o mentalitate a bogăției, să luăm decizii în cunoștință de cauză și să prioritizăm strategiile pe termen lung în detrimentul câștigurilor imediate.În cele din urmă, calea către emancipare financiară și prosperitate necesită o abordare holistică - una care cuprinde gestionarea etică a averii, o avere durabilă și o relație armonioasă cu banii și succesul. Este o călătorie care ne conduce la o înțelegere mai profundă a valorilor și a scopului nostru și ne permite să creăm o moștenire care transcende simpla avere materială.Pe măsură ce parcurgem această cale, să ne amintim că adevărata abundență nu se măsoară doar în cifre, ci în bogăția spiritului nostru, în profunzimea compasiunii noastre și în moștenirea de integritate pe care o lăsăm în urmă.

Fie ca noi să parcurgem această cale cu grație, înțelepciune și un angajament neclintit de a crea o lume în care puterea financiară este sinonimă cu împlinirea spirituală și prosperitatea adevărată.

Glosar

Abundență, Mentalitate: O perspectivă care vede resursele, oportunitățile și bogăția ca fiind abundente și accesibile.

Afirmații pozitive, financiare: Afirmații utilizate pentru reprogramarea convingerilor subconștiente cu privire la bani și bogăție.

Alchimia banilor: procesul transformativ de înțelegere și utilizare a banilor ca formă de energie și instrument de dezvoltare personală.

Alchimie financiară: procesul de transformare a relației cuiva cu banii prin practici spirituale și psihologice.

Alinierea valorilor personale: Asigurarea că obiectivele și practicile financiare ale unei persoane sunt în armonie cu valorile personale și cu scopul vieții sale.

Banii ca energie: Perspectiva care vede banii ca o formă de energie care curge și circulă pentru a crea oportunități și a facilita creșterea.

Bunăstare financiară: Starea de bunăstare generală legată de situația financiară a unei persoane, care cuprinde atât prosperitatea materială, cât și sănătatea mentală/emoțională.

Colective, valori: Credințe, atitudini și priorități împărtășite în cadrul unei societăți care influențează sistemele economice și comportamentul financiar individual.

Conștiința bogăției: O stare de spirit aliniată cu abundența, prosperitatea și potențialul nelimitat de creare a bogăției.

Conștiință: starea de percepție și de conștientizare care modelează înțelegerea unei persoane cu privire la bogăție, succes și împlinire personală.

Crearea de bogăție altruistă: generarea de bogăție cu intenția de a aduce beneficii societății și de a contribui la binele general.

Credințe subconștiente: Atitudini și percepții profund înrădăcinate cu privire la bani și avere, care funcționează sub nivelul conștiinței.

Dansul simbolic al banilor: Interacțiunea complexă dintre bani, valorile personale, normele sociale și comportamentul individual.

Economia digitală a epocii: Peisajul economic modelat de progresele tehnologice, inclusiv monedele digitale și piețele online.

Economie, globală: Sistemul interconectat de activități economice și schimburi financiare între diferite țări și culturi.

Emoțional, monedă: Asociațiile și răspunsurile emoționale pe care indivizii le au față de bani.

Etică, gestionarea averii: Gestionarea resurselor financiare în concordanță cu principiile morale și responsabilitatea socială.

Fericire națională brută (GNH): Un model economic alternativ care acordă prioritate bunăstării și fericirii cetățenilor față de măsurile tradiționale de creștere economică.

Holistică, Prosperitate: O abordare globală a bogăției care integrează succesul financiar cu creșterea spirituală și satisfacția generală față de viață.

Iluzorie, natura banilor: Conceptul că banii sunt o reprezentare simbolică a valorii, mai degrabă decât o sursă inerentă de valoare sau fericire.

Legea atracției: Credința că gândurile și atitudinile pozitive sau negative pot influența experiențele de viață și rezultatele financiare ale unei persoane.

Manifestare: procesul de transpunere în realitate a dorințelor și obiectivelor prin intenție, credință și acțiune concentrate.

Mentalitate de bogăție: Un set de convingeri, atitudini și comportamente care sprijină crearea și menținerea abundenței financiare.

Percepția bogăției: Modul în care indivizii și societățile văd și interpretează conceptul de bogăție, influențând atitudinile și comportamentele legate de bani.

Prosperitate, conștiință a prosperității: O stare de spirit care este deschisă și se așteaptă la abundență și succes în toate domeniile vieții.

Prosperitate, durabilă: O abordare pe termen lung a creării bogăției care echilibrează succesul financiar cu administrarea mediului și responsabilitatea socială.

Responsabilitatea socială a bogăției: Ideea că indivizii și companiile au datoria de a-și folosi bogăția în moduri care aduc beneficii societății.

Responsabilizare financiară: Dobândirea cunoștințelor, abilităților și încrederii necesare pentru a lua decizii financiare în cunoștință de cauză.

Reziliență, financiară: Capacitatea de a rezista și de a se recupera în urma unor eșecuri financiare și de a se adapta la circumstanțe economice în schimbare.

Scarcity, Mentality of: O perspectivă care vede resursele, inclusiv banii, ca fiind limitate și greu de obținut.

Spiritual, Economie: Integrarea principiilor și practicilor spirituale în luarea deciziilor financiare și în strategiile de creare a averii.

Valoare, Creație: Procesul de generare a valorii prin produse, servicii sau idei care îndeplinesc nevoi sau dorințe specifice pe piață.

Cerere de recenzie de carte

Dragă cititorule,

Îți mulțumim că ai cumpărat această carte! Mi-ar plăcea să primesc vești de la dumneavoastră. Scrierea unei recenzii de carte ne ajută să ne înțelegem cititorii și, de asemenea, influențează deciziile de cumpărare ale altor cititori. Opinia dumneavoastră este importantă. Vă rugăm să scrieți o recenzie de carte! Bunăvoința dumneavoastră este foarte apreciată!

Despre autor

Dan Desmarques este un autor de renume, cu un palmares remarcabil în lumea literară. Cu un portofoliu impresionant de 28 de bestselleruri pe Amazon, inclusiv opt bestselleruri numărul 1, Dan este o figură respectată în industrie. Bazându-se pe trecutul său de profesor universitar de scriere academică și creativă, precum și pe experiența sa de consultant de afaceri experimentat, Dan aduce o combinație unică de expertiză în munca sa. Perspectivele sale profunde și conținutul său transformator se adresează unui public larg, acoperind subiecte atât de diverse precum creșterea personală, succesul, spiritualitatea și sensul profund al vieții. Prin intermediul scrierilor sale, Dan îi împuternicește pe cititori să se elibereze de limitări, să-și elibereze potențialul interior și să pornească într-o călătorie de autodescoperire și transformare. Pe o piață competitivă de auto-ajutorare, talentul excepțional și poveștile inspirate ale lui Dan fac din el un autor de excepție, motivându-i pe cititori să se implice în cărțile sale și să pornească pe calea creșterii și iluminării personale.

Scris tot de autor

1. 66 Days to Change Your Life: 12 Steps to Effortlessly Remove Mental Blocks, Reprogram Your Brain and Become a Money Magnet

2. A New Way of Being: How to Rewire Your Brain and Take Control of Your Life

3. Abnormal: How to Train Yourself to Think Differently and Permanently Overcome Evil Thoughts

4. Alignment: The Process of Transmutation Within the Mechanics of Life

5. Audacity: How to Make Fast and Efficient Decisions in Any Situation

6. Christ Cult Codex: The Untold Secrets of the Abrahamic Religions and the Cult of Jesus

7. Codex Illuminatus: Quotes & Sayings of Dan Desmarques

8. Collective Consciousness: How to Transcend Mass Consciousness and Become One With the Universe
9. Creativity: Everything You Always Wanted to Know About How to Use Your Imagination to Create Original Art That People Admire
10. Deception: When Everything You Know about God is Wrong
11. Demigod: What Happens When You Transcend The Human Nature?
12. Discernment: How Do Your Emotions Affect Moral Decision-Making?
13. Eclipsing Mediocrity: How to Unveil Hidden Realities and Master Life's Challenges
14. Fearless: Powerful Ways to Get Abundance Flowing into Your Life
15. Feel, Think and Grow Rich: 4 Elements to Attract Success in Life
16. Find Your Flow: How to Get Wisdom and Knowledge from God
17. Holistic Psychology: 77 Secrets about the Mind That They Don't Want You to Know
18. How to Change the World: The Path of Global Ascension

Through Consciousness

19. How to Get Lucky: How to Change Your Mind and Get Anything in Life

20. How to Improve Your Self-Esteem: 34 Essential Life Lessons Everyone Should Learn to Find Genuine Happiness

21. How to Study and Understand Anything: Discovering The Secrets of the Greatest Geniuses in History

22. Legacy: How to Build a Life Worth Remembering

23. Religious Leadership: The 8 Rules Behind Successful Congregations

24. Reset: How to Observe Life Through the Hidden Dimensions of Reality and Change Your Destiny

25. Resilience: The Art of Confronting Reality Against the Odds

26. Singularity: What to Do When You Lose Hope in Everything

27. Spiritual Warfare: What You Need to Know About Overcoming Adversity

28. Starseed: Secret Teachings about Heaven and the Future of Humanity

29. Technocracy: The New World Order of the Illuminati

and The Battle Between Good and Evil

30. The 10 Laws of Transmutation: The Multidimensional Power of Your Subconscious Mind
31. The 14 Karmic Laws of Love: How to Develop a Healthy and Conscious Relationship With Your Soulmate
32. The 33 Laws of Persistence: How to Overcome Obstacles and Upgrade Your Mindset for Success
33. The 36 Laws of Happiness: How to Solve Urgent Problems and Create a Better Future
34. The Alchemy of Truth: Embracing Change and Transcending Time
35. The Antagonists: What Makes a Successful Person Different?
36. The Antichrist: The Grand Plan of Total Global Enslavement
37. The Awakening: How to Turn Darkness Into Light and Ascend to Higher Dimensions of Existence
38. The Egyptian Mysteries: Essential Hermetic Teachings for a Complete Spiritual Reformation
39. The Evil Within: The Spiritual Battle in Your Mind Deception: When Everything You Know about God is Wrong

40. The Game of Life and How to Play It: How to Get Anything You Want in Life

41. The Hidden Language of God: How to Find a Balance Between Freedom and Responsibility

42. The Most Powerful Quotes: 400 Motivational Quotes and Sayings

43. The Secret Beliefs of The Illuminati: The Complete Truth About Manifesting Money Using The Law of Attraction That is Being Hidden From You

44. The Secret Empire: The Hidden Truth Behind the Power Elite and the Knights of the New World Order

45. The Secret Science of the Soul: How to Transcend Common Sense and Get What You Really Want From Life

46. The Spiritual Laws of Money: The 31 Best-kept Secrets to Life-long Abundance

47. The Spiritual Mechanics of Love: Secrets They Don't Want You to Know about Understanding and Processing Emotions

48. Unacknowledged: How Negative Emotions Affect Your Mental Health?

49. Unapologetic: Taking Control of Your Mind for a Happier and Healthier Life

50. Uncommon: Transcending the Lies of the Mental Health Industry
51. Unlocked: How to Get Answers from Your Subconscious Mind and Control Your Life
52. Your Full Potential: How to Overcome Fear and Solve Any Problem
53. Your Soul Purpose: Reincarnation and the Spectrum of Consciousness in Human Evolution

Despre editor

Această carte a fost publicată de Editura 22 Lions Publishing.

www.22Lions.com

www.ingramcontent.com/pod-product-compliance
Lightning Source LLC
LaVergne TN
LVHW051115051026
849532LV00004BB/1550
9798330398034